主催　一般財団法人　全日本情報学習振興協会

問題

会社法務士認定試験

問題数	60問
制限時間	150分

《注意事項》

1. 合図があるまで、問題用紙を開かないで下さい。
2. 試験委員の指示をよく聞いて下さい。
3. 受験票、筆記用具以外のものは、机の上に出さないで下さい。
4. 解答用紙はマークシートです。下記の記入にあたっての注意をよくお読み下さい。

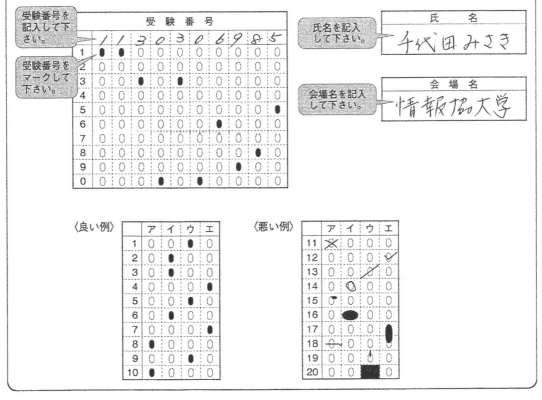

問題１．会社の定義に関する以下のアからオまでの記述のうち、誤っているものを１つ選びなさい。

ア．公開会社とは、その発行する全部又は一部の株式の内容として譲渡による当該株式の取得について株式会社の承認を要する旨の定款の定めを設けていない株式会社をいう。
イ．子会社とは、会社がその総株主の議決権の３分の２以上を有する株式会社その他の当該会社がその経営を支配している法人として法務省令で定めるものをいう。
ウ．親会社とは、株式会社を子会社とする会社その他の当該株式会社の経営を支配している法人として法務省令で定めるものをいう。
エ．外国会社とは、外国の法令に準拠して設立された法人その他の外国の団体であって、会社と同種のもの又は会社に類似するものをいう。
オ．大会社とは、最終事業年度に係る貸借対照表に資本金として計上した額が５億円以上である株式会社、又は最終事業年度に係る貸借対照表の負債の部に計上した額の合計額が200億円以上である株式会社をいう。

問題２．設立時取締役に関する次のａからｅまでの記述のうち、誤っているものの組合せを以下のアからオまでのうち１つ選びなさい。

a．発起人は、出資の履行が完了した後、遅滞なく、設立時取締役を選任しなければならない。
b．設立時取締役の選任は、発起人の議決権の過半数をもって決定する。
c．設立しようとする株式会社が取締役会設置会社である場合には、設立時取締役の人数は１名でもかまわない。
d．発起人は、株式会社の成立の時までの間は、その選任した設立時取締役を解任することができない。
e．設立時取締役は、現物出資財産の調査等により、法令若しくは定款に違反し、又は不当な事項があると認めるときは、発起人にその旨を通知しなければならない。

ア．ａとｄ　　イ．ａとｅ　　ウ．ｂとｃ　　エ．ｃとｄ　　オ．ｄとｅ

問題３．支配人に関する以下のアからエまでの記述のうち、誤っているものを１つ選びなさい。

ア．支配人は、他の使用人を選任し、又は解任することができる。
イ．支配人は、会社に代わってその事業に関する一切の裁判上又は裁判外の行為をする権限を有する。
ウ．支配人は、会社の許可を受けなければ、他の会社の取締役、執行役、業務を執行する社員となることができない。
エ．支配人は、会社の許可を受けたとしても、自己又は第三者のために会社の事業の部類に属する取引をすることはできない。

問題４．会社の通則・商号に関する次のａからｅまでの記述のうち、正しいものの組合せを以下のアからオまでのうち１つ選びなさい。

  a. 会社は原則として法人であるが、法人でない会社も存在する。
  b. 会社の住所は、本店の所在地以外の場所とすることができる。
  c. 会社は、その名称以外のものを商号とすることができる。
  d. 会社がその事業としてする行為は商行為であり、また、事業のためにする行為も商行為である。
  e. 会社は、その商号中に、他の種類の会社であると誤認されるおそれのある文字を用いてはならない。

ア．ａとｂ　　イ．ａとｅ　　ウ．ｂとｃ　　エ．ｃとｄ　　オ．ｄとｅ

問題５．株式会社における定款の作成に関する以下のアからオまでの記述のうち、誤っているものを１つ選びなさい。

ア．定款には、発起人の全員が署名し、又は記名押印しなければならない。
イ．発起人は、電磁的記録をもって定款を作成することができる。
ウ．定款は、公証人の認証を受けなければ、その効力を生じない。
エ．発起人（株式会社の成立後にあっては、当該株式会社）は、定款を発起人が定めた場所（株式会社の成立後にあっては、原則として、その本店及び支店）に備え置かなければならない。
オ．定款には、絶対的記載事項及び相対的記載事項以外の事項を記載してはならない。

問題６．株式会社における定款の記載事項に関する以下のアからオまでの事項のうち、相対的記載事項として誤っているものを１つ選びなさい。

ア．設立に際して出資される財産の価額又はその最低額
イ．金銭以外の財産を出資する者の氏名又は名称、当該財産及びその価額
ウ．株式会社の成立により発起人が受ける報酬その他の特別の利益
エ．株式会社の成立後に譲り受けることを約した財産及びその価額
オ．株式会社の負担する設立に関する費用

問題７．発起設立における出資に関する次のａからｄまでの記述のうち、誤っているものの組合せを以下のアからオまでのうち１つ選びなさい。

a. 出資の履行をすべき旨の通知を受けた発起人は、定められた期日までに出資の履行をしないときは、「当該出資の履行をすることにより設立時発行株式の株主となる権利」を失う。
b. 設立時発行株式を引き受けた発起人は、出資の履行が完了した時に株主となる。
c. 設立時発行株式の総数は、発行可能株式総数の４分の１を下ることができないが、これは設立しようとする株式会社が公開会社でない場合であっても同じである。
d. 発起人は、定款に変態設立事項についての記載又は記録があるときは、公証人の認証の後遅滞なく、当該事項を調査させるため（調査不要の場合を除く。）、裁判所に対し、検査役の選任の申立てをしなければならない。

ア．ａとｂ　　イ．ａとｄ　　ウ．ｂとｃ　　エ．ｃとｄ　　オ．ｂとｄ

問題８．株式会社の設立に関する次のａからｄまでの記述のうち、誤っているものの組合せを以下のアからオまでのうち１つ選びなさい。

a. 募集設立の場合は創立総会を開催することが必要であるが、発起設立の場合は必要がない。
b. 会社の設立に際して、現物出資を行うことができるのは設立時募集株式の引受人のみである。
c. 発起設立の場合、各発起人は設立時発行株式を１株以上引き受けなければならないが、募集設立の場合はその限りでない。
d. 設立時募集株式の払込金額その他の募集の条件は、当該募集ごとに、均等に定めなければならない。

ア．ａとｂ　　イ．ｂとｄ　　ウ．ｂとｃ　　エ．ａとｃ　　オ．ａとｄ

問題９．設立関与者の責任に関する以下のアからエまでの記述のうち、誤っているものを１つ選びなさい。

ア．発起設立時の現物出資財産の価額が定款に記載された価額に満たない場合、当該現物出資者である発起人は、検査役の調査を経ていたとき、又は当該発起人が無過失を証明したときは、現物出資財産の不足額填補責任を負わない。
イ．発起設立の場合、発起人は、総株主の同意を得た場合に限り、現物出資財産の不足額填補責任を免除される。
ウ．募集設立の場合、払込みを仮装した設立時募集株式の引受人は、原則として、株式会社に対し、払込みを仮装した払込金額の全額の支払いをする義務を負う。
エ．株式会社が成立しなかったときは、発起人は、連帯して、株式会社の設立に関してした行為についてその責任を負い、株式会社の設立に関して支出した費用を負担する。

問題10. 株式の流通に関する以下のアからエまでの記述のうち、法令及び判例の趣旨に照らし、正しいものを1つ選びなさい。

ア．株式の譲渡につき、定款に取締役会の承認を要する旨の定めがある場合、取締役会の承認を得ずになされた株式の譲渡は、会社に対する関係では効力を生じないが、譲渡当事者間においては有効であると解される。

イ．株式の譲渡につき、定款に取締役会の承認を要する旨の定めがある場合、いわゆる一人会社の株主がその保有する株式を定款所定の取締役会の承認を得ずに他に譲渡したときは、その譲渡は会社に対する関係において無効である。

ウ．譲渡制限株式を譲渡する際には、当該株式の取得についてその株式を発行する会社の承認が必要となるため、相続により譲渡制限株式を取得した者は、株式発行会社に対し、その取得の承認を請求しなければならない。

エ．株主が譲渡承認請求をした日から2週間が経過したにもかかわらず、株式会社が承認するか否かの決定の内容について、通知をしないときは、当該会社と当該株主の間に別段の定めがある場合を除き、承認しない旨の決定をしたものとみなされる。

問題11. 株主平等の原則に関する以下のアからエまでの記述のうち、誤っているものを1つ選びなさい。

ア．公開会社でない株式会社は、株主平等の原則の例外として、剰余金の配当を受ける権利について、株主ごとに異なる取扱いを行う旨を定款で定めることができる。

イ．公開会社でない株式会社は、株主平等の原則の例外として、残余財産の分配を受ける権利について、株主ごとに異なる取扱いを行う旨を定款で定めることができる。

ウ．公開会社でない株式会社が、株主総会における議決権に関する事項について、株主ごとに異なる取扱いを行う旨を定款で定めることは、株主平等の原則に反する。

エ．判例によれば、特定の株主による経営支配権の取得に伴い、会社の企業価値がき損され、会社の利益ひいては株主の共同の利益が害されることになるような場合には、その防止のために当該株主を差別的に取り扱ったとしても、直ちに株主平等の原則の趣旨に反するものということはできないとしている。

問題12. 会社法の禁止する利益供与に関する以下のアからエまでの記述のうち、誤っているものを1つ選びなさい。

ア．株式会社が、自己の計算において、特定の株主に対して無償で財産上の利益の供与をした場合には、その会社は、株主の権利の行使に関する利益の供与をしたものと推定される。

イ．株主の権利の行使に関する利益の供与をした取締役は、株式会社に対して、供与した利益の価額に相当する額を支払う義務を負うが、当該利益の供与をした取締役がその職務を行うについて注意を怠らなかったことを立証したときは責任を免れる。

ウ．株主の権利の行使に関する利益の供与をした取締役は、株式会社に対して、供与した利益の価額に相当する額を支払う義務を負うが、総株主の同意により責任を免除することができる。

エ．判例によれば、株式会社から見て好ましくない株主が議決権を行使することを回避する目的で、当該会社が、自己の計算において、第三者に対してその株主から株式を譲り受けるための対価を供与した場合には、株主の権利の行使に関する利益の供与に該当する。

問題13. 株主名簿に関する以下のアからオまでの記述のうち、誤っているものを1つ選びなさい。

ア．株主名簿は、書面（帳簿、カード等）の形式で存在していなければならない。
イ．非株券発行会社の株主は、当該会社に対して、株主名簿記載事項を記載した書面（又は株主名簿記載事項を記録した電磁的記録）の交付を請求することができる。
ウ．株式会社が株主に対してする通知又は催告は、原則として、株主名簿に記載し、又は記録した当該株主の住所にあてて発すれば足りる。
エ．株式会社は、株主名簿管理人を置く旨を定款で定め、当該事務を行うことを委託することができる。
オ．株式会社は、基準日を定めて、基準日において株主名簿に記載され、又は記録されている株主をその権利を行使することができる者と定めることができる。

問題14. 株式の併合に関する以下のアからエまでの記述のうち、誤っているものを1つ選びなさい。

ア．株式会社が株式の併合をしようとするときは、その都度、株主総会の普通決議によって、併合の割合、株式併合の効力発生日、種類株式発行会社の場合は併合する株式の種類、発行可能株式総数を定めなければならない。
イ．株式会社が株式の併合をしようとするときは、取締役は、株主総会において、株式の併合を必要とする理由を説明しなければならない。
ウ．株式の併合が法令又は定款に違反する場合において、株主が不利益を受けるおそれがあるときは、株主は、株式会社に対し、当該株式の併合をやめることを請求することができる。
エ．株式会社が株式の併合をすることにより株式の数に1株に満たない端数が生ずる場合には、反対株主は、当該株式会社に対し、自己の有する株式のうち1株に満たない端数となるものの全部を公正な価格で買い取ることを請求することができる。

問題15. 株式の分割と株式無償割当てに関する以下のアからエまでの記述のうち、誤っているものを1つ選びなさい。

ア．株式の分割では同一種類の株式の数が増加するが、株式無償割当てでは同一又は異なる種類の株式が割り当てられる。
イ．株式の分割は法文上「株式の発行」とは観念されないが、株式無償割当ては新株が割り当てられる場合には「株式の発行」に含まれる。
ウ．株式の分割では保有する自己株式を交付することはできるが、株式無償割当てでは保有する自己株式を交付することができない。
エ．株式の分割では決定機関について定款で別段の定めができないが、株式無償割当てでは決定機関について定款で別段の定めができる。

問題16. 単元株制度に関する以下のアからエまでの記述のうち、誤っているものを1つ選びなさい。

ア．種類株式発行会社においては、単元株式数は、株式の種類ごとに定めなければならない。
イ．単元未満株主は、その有する単元未満株式について、株主総会及び種類株主総会において議決権を行使することができない。
ウ．単元未満株主は、株式会社に対し、自己の有する単元未満株式を買い取ることを請求することができる。
エ．株券発行会社は、単元未満株式に係る株券を発行しないことができる旨を定款で定めることはできない。

問題17. 株式会社の機関設計に関する以下のアからオまでの記述のうち、誤っているものを1つ選びなさい。

ア．公開会社は、取締役会を置かなければならない。
イ．監査役会設置会社は、取締役会を置かなければならない。
ウ．監査等委員会設置会社は、監査役を置かなければならない。
エ．公開会社でない大会社は、会計監査人を置かなければならない。
オ．指名委員会等設置会社は、会計監査人を置かなければならない。

問題18. 株主総会の招集に関する以下のアからエまでの記述のうち、誤っているものを1つ選びなさい。

ア．定時株主総会は、毎事業年度の終了後一定の時期に招集しなければならないが、臨時株主総会は、必要がある場合にはいつでも招集することができる。
イ．取締役が行う株主総会の招集通知は、原則として、公開会社では株主総会の日の1週間前、公開会社でない株式会社にあっては、2週間前までに、株主に対して発しなければならない。
ウ．取締役は、株主総会を招集する場合、書面による通知の発出に代えて、株主の承諾を得て、電磁的方法により通知を発することができる。
エ．取締役は、株主総会に出席しない株主が書面によって議決権を行使することができることとしたときは、株主総会の招集通知に際して、株主総会参考書類及び議決権行使書面を交付しなければならない。

問題19. 株主総会に関する以下のアからエまでの記述のうち、誤っているものを1つ選びなさい。

ア．株主総会の決議について特別の利害関係を有する株主は、取締役会の決議について特別の利害関係を有する取締役の場合と異なり、株主総会の決議において、議決権を行使することができる。

イ．取締役は、株主総会において、株主から特定の事項について説明を求められた場合には、その事項が株主総会の目的である事項に関しないものであっても、その説明をしなければならない。

ウ．取締役会設置会社においては、株主総会は、会社法に規定する事項及び定款で定めた事項に限り、決議をすることができる。

エ．株主総会において議決権を行使することができる株主の数が1,000人以上である場合、会社は、原則として株主に書面による議決権行使を認めなければならない。

問題20. 株主総会における議決権の行使方法に関する次のaからdまでの記述のうち、誤っているものの組合せを以下のアからオまでのうち1つ選びなさい。

a．株主総会の普通決議は、定款に別段の定めがある場合を除き、議決権を行使することができる株主の議決権の過半数を有する株主が出席し、出席した当該株主の議決権の過半数をもって行う。

b．株主は、代理人によってその議決権を行使する場合、当該株主又は代理人は、代理権を証明する書面を株式会社に提出しなければならず、代理権の授与は、株主総会ごとにしなければならない。

c．株主（株主総会において決議をすることができる事項の全部につき議決権を行使することができない株主を除く。）の数が5,000人以上である株式会社では、電磁的方法による議決権行使について定めることが義務付けられている。

d．株主は、その有する議決権を統一しないで行使することができるが、株主が他人のために株式を有する者であるときは、当該株主がその有する議決権を統一しないで行使することを株式会社は拒むことができる。

ア．aとb　　イ．bとd　　ウ．cとd　　エ．aとc　　オ．bとc

問題21. 株主総会の議事に関する以下のアからエまでの記述のうち、誤っているものを1つ選びなさい。

ア．監査役及び執行役は、株主総会において、株主から特定の事項について説明を求められた場合、原則として、当該事項について必要な説明をする義務を負う。

イ．株主総会の議長は、その命令に従わない者その他当該株主総会の秩序を乱す者を退場させることができる。

ウ．株主総会においては、その決議によって、取締役、会計参与、監査役、監査役会及び会計監査人が当該株主総会に提出し、又は提供した資料を調査する者を選任することができる。

エ．株主総会の議事については、法務省令で定めるところにより、議事録を作成しなければならず、株主総会の日から5年間、議事録を株式会社の本店に備え置かなければならない。

問題22. 株主の責任追及等の訴えに関する以下のアからエまでの記述のうち、誤っているものを1つ選びなさい。

ア．株式会社は、原則として、取締役を補助するために責任追及等の訴えに係る訴訟に参加することができない。
イ．公開会社である株式会社は、責任追及等の訴えを提起したとき又は株主等から訴訟告知を受けたときは、遅滞なく、その旨を公告し、又は株主に通知しなければならない。
ウ．公開会社である株式会社の株式を6か月前から引き続き有する株主（単元未満株主を除く。）は、当該株式会社に回復することができない損害が生じるおそれがある場合、原則として、当該株式会社に対する提訴請求をすることなく、直ちに責任追及等の訴えを提起することができる。
エ．責任追及等の訴えを提起した株主が、株式会社の株式交換によりその訴訟の係属中に当該株式会社株主でなくなった場合、その対価として株式交換による完全親会社の株式を取得したときであれば、訴訟を追行することができる。

問題23. 株式会社の取締役の資格に関する以下のアからオまでの記述のうち、正しいものを1つ選びなさい。

ア．被保佐人は、保佐人の同意を得れば取締役になることができる。
イ．会社法その他一定の法律の規定に反して刑に処せられ、その執行を終わり又は執行を受けることがなくなった日から2年間は取締役になることができない。
ウ．法人も取締役になり得る。
エ．非公開会社は、取締役が株主でなければならない旨を定款で定めることはできない。
オ．破産者で復権を受けていない者は、取締役になることができない。

問題24. 株式会社の取締役の終任・解任に関する以下のアからエまでの記述のうち、正しいものを1つ選びなさい。

ア．株主総会の決議によって、社外取締役を解任するには、正当な理由が必要である。
イ．公開会社において、取締役の職務の執行に関し不正行為があった場合には、6か月前より引き続き継続して総株主の議決権の100分の3以上を有する株主は、直ちに裁判所に当該取締役解任を請求することができる。
ウ．累積投票によって選任された取締役を解任するためには、株主総会の特別決議を必要とする。
エ．株主の権利行使に関し財産上の利益を供与したことにより起訴された取締役は、当然にその地位を失う。

問題25. 株式会社の取締役と取締役会に関する以下のアからエまでの記述のうち、誤っているものを1つ選びなさい。

ア．取締役会設置会社又は取締役会非設置会社にかかわらず、取締役の員数は3人以上が必要となる。
イ．取締役会が設置されると、取締役の中から代表取締役を設置しなければならない。
ウ．取締役がその任務を怠り、会社に損害を与えた場合、当該取締役は会社に対して損害賠償責任を負う。
エ．取締役会非設置会社では、原則として、各取締役が会社の業務を執行し、会社を代表する。

問題26. 取締役会に関する次のaからeまでの記述のうち、誤っているものの組合せを以下のアからオまでのうち1つ選びなさい。

a．取締役会を招集する者は、原則として、取締役会の日の1週間前までに、各取締役（監査役設置会社にあっては、各取締役及び各監査役）に対してその通知を発しなければならない。
b．取締役会の決議は、原則として、議決に加わることができる取締役の過半数が出席し、その出席取締役の過半数をもって行う。
c．取締役会は、重要な財産の処分及び譲受けについて、代表取締役に委任することができる。
d．取締役会の決議に参加した取締役のうち、当該取締役会の議事録に異議をとどめないものは、その決議に賛成したものと推定される。
e．取締役会は、定款に別段の定めがない限り、取締役全員を代表取締役として選定することはできない。

ア．aとb　　イ．aとc　　ウ．bとd　　エ．dとe　　オ．cとe

問題27. 代表取締役に関する次のaからeまでの記述のうち、正しいものの組合せを以下のアからオまでのうち1つ選びなさい。

a．取締役会設置会社における代表取締役は、株式会社を代表する機関であるから、自己の職務の執行の状況を取締役会に報告する必要はない。
b．代表取締役の権限（株式会社の業務に関する一切の裁判上又は裁判外の行為をする権限）に加えた制限は、善意の第三者に対抗することができない。
c．任期の満了による退任により代表取締役が欠けた場合、退任した当該代表取締役は、新たに選定された代表取締役が就任するまで、代表取締役としての権利義務を有する。
d．親会社の代表取締役は、その子会社である株式会社の社外取締役となることができる。
e．株式会社が取締役に対して、または取締役が株式会社に対して訴えを提起する場合、会社と取締役間の訴訟について株式会社を代表するのは常に代表取締役である。

ア．aとb　　イ．bとc　　ウ．cとd　　エ．dとe　　オ．aとe

問題28. 株式会社（指名委員会等設置会社を除く。）の取締役の報酬に関する以下のアからエまでのうち、誤っているものを1つ選びなさい。

ア．判例によれば、株式会社の取締役の報酬について、定款又は株主総会の決議では、個別の報酬額を定める必要はなく、全員に対する総額の最高限度額のみを定めれば足りるとしている。
イ．判例によれば、株式会社の使用人兼務取締役についても、別に使用人として給与を受けることを予定しつつ、取締役として受ける報酬額のみを株主総会で決議することも許される。
ウ．判例によれば、各取締役の報酬が定款などにより具体的に定められた場合、当該取締役の同意なくその報酬額を減額できない。
エ．正規の賃料より低額な賃料で社宅を取締役に提供することは、会社の財産を社外に流出させるものではないので、定款又は株主総会決議で定める必要はない。

問題29. 取締役への監督是正と取締役の責任に関する以下のアからエまでの記述のうち、誤っているものを1つ選びなさい。

ア．監査役設置会社において、取締役が法令に違反する行為を行い、これにより会社に回復することができない損害を生ずるおそれがあるときは、原則として、6か月前より引き続き株式を有する株主は、当該取締役に対してその行為の差止めを請求することができる。
イ．判例によれば、株式会社の取締役に選任されていない者が、虚偽の就任登記がなされることに加功したときは、善意の第三者に対して取締役でないことを対抗できず、会社法上の規定に基づき第三者に対する責任を免れることはできないとしている。
ウ．株式会社の業務の執行に関し、定款に違反する重大な事実を疑うに足りる事由がある場合、原則として、発行済株式（自己株式を除く。）の100分の3以上の数の株式を有する株主は、当該株式会社の業務及び財産の状況を調査させるため、裁判所に対し、検査役の選任の申立てをすることができる。
エ．任務懈怠による会社法上の代表取締役の責任は、責任限定契約によって事前に軽減することができる。

問題30. 株式会社の会計参与に関する以下のアからエまでの記述のうち、誤っているものを1つ選びなさい。

ア．会計参与は当該株式会社の子会社の監査役になることはできない。
イ．会計参与は、取締役の職務の執行を監査し、会計参与報告を作成しなければならない。
ウ．会計参与になり得る者は、公認会計士若しくは監査法人、又は税理士若しくは税理士法人に限られる。
エ．会計参与は、株主総会において、会計参与の選任・解任・辞任について意見を述べることができる。

問題31. 監査役に関する以下のアからエまでの記述のうち、誤っているものを1つ選びなさい。

ア．監査役の解任は、株主総会の決議によらず、取締役の権限によって解任することができる。

イ．監査役は、取締役が不正の行為をし、若しくは当該行為をするおそれがあると認めるとき、又は法令若しくは定款に違反する事実若しくは著しく不当な事実があると認めるときは、遅滞なく、その旨を取締役（取締役会設置会社にあっては取締役会）に報告しなければならない。

ウ．監査役は、取締役が株主総会に提出しようとする議案、書類その他法務省令で定めるものを調査しなければならず、法令若しくは定款に違反し、又は著しく不当な事項があると認めるときは、その調査の結果を株主総会に報告しなければならない。

エ．監査役は、取締役が監査役設置会社の目的の範囲外の行為その他法令若しくは定款に違反する行為をし、又はこれらの行為をするおそれがある場合において、当該行為によって当該監査役設置会社に著しい損害が生ずるおそれがあるときは、当該取締役に対し、当該行為をやめることを請求することができる。

問題32. 監査役会設置会社に関する以下のアからエまでの記述のうち、誤っているものを1つ選びなさい。

ア．監査役会設置会社が、監査役に対して訴えを提起する場合は、代表取締役が当該監査役会設置会社を代表する。

イ．監査役会設置会社では監査役の員数は2人以上である。

ウ．監査役会は監査役の中から常勤の監査役を選定しなければならない。

エ．監査役は、監査役会の求めがあるときは、いつでもその職務の執行の状況を監査役会に報告しなければならない。

問題33. 社外監査役に関する以下のアからエまでの記述のうち、誤っているものを1つ選びなさい。

ア．子会社である株式会社の社外監査役は、当該株式会社の親会社の業務執行取締役であってもなることができる。

イ．監査役会設置会社においては、監査役の半数以上が社外監査役でなければならない。

ウ．社外監査役は、当該株式会社の子会社の会計参与を兼ねることができない。

エ．社外監査役は、その会社に対する損害賠償責任について、定款の定めに基づく責任限定契約を会社と締結することができる。

問題34. 会計監査人に関する以下のアからエまでの記述のうち、誤っているものを1つ選びなさい。

ア．会計監査人は、地位の独立性と監査の継続性を確保するため、株主総会の普通決議によって選任又は解任することができる。
イ．会計監査人は、公認会計士又は監査法人でなければならない。
ウ．会計監査人は、いつでも会計帳簿又はこれに関する資料の閲覧・謄写をすることができる。
エ．会計監査人の任期は、選任後3年以内と定められている。

問題35. 指名委員会等設置会社に関する以下のアからエまでの記述のうち、正しいものを1つ選びなさい。

ア．取締役は、当該株式会社の執行役を兼ねることはできないが、当該株式会社の使用人を兼ねることはできる。
イ．執行役が、1人しか置かれていない場合であっても、その者が自動的に代表執行役になるわけではない。
ウ．報酬委員会は、取締役及び執行役の個人別の報酬等の内容までも決定するものではない。
エ．執行役の選任・解任は、取締役会の決議による。

問題36. 監査等委員会設置会社に関する以下のアからエまでの記述のうち、誤っているものを1つ選びなさい。

ア．監査等委員である取締役とそれ以外の取締役とは、株主総会において、区別して選任しなければならない。
イ．監査等委員である取締役は、当該監査等委員会設置会社の子会社の執行役を兼任することができる。
ウ．取締役が、監査等委員である取締役の選任に関する議案を株主総会に提出するには、監査等委員会の同意を得なければならない。
エ．監査等委員会で選任された監査等委員は、いつでも、取締役（会計参与設置会社にあっては、取締役及び会計参与）に対しその職務の執行に関する事項の報告を求め、業務及び財産の状況につき調査する権限を有する。

問題37. 会社関係訴訟に関する以下のアからエまでの記述のうち、誤っているものを1つ選びなさい。

ア．株式会社の株主が、取締役の責任を追及するために株主代表訴訟を提起した場合、当該株主は遅滞なく株式会社に対して訴訟告知をしなければならない。
イ．株主代表訴訟は、株式会社の本店の所在地を管轄する地方裁判所に提起する必要がある。
ウ．会社法上の公開会社において株主代表訴訟を提起するためには、株主は、6か月前から引き続き株式を有している必要があるが、この6か月という期間は定款により伸長することができる。
エ．株主代表訴訟を提起した株主が敗訴した場合であっても、悪意があったときを除いて、当該株主は、株式会社等に対し、これによって生じた損害を賠償する義務を負わない。

問題38. 募集株式に関する以下のアからエまでの記述のうち、誤っているものを1つ選びなさい。

ア．非公開会社における募集事項の決定は、取締役会設置会社であっても、取締役会に委任することはできない。
イ．公開会社が募集事項を定めたときは、金融商品取引法に基づく届出をしている場合を除いて、払込期日の2週間前までに、株主に対し、当該募集事項を通知又は公告しなければならない。
ウ．募集に応じて募集株式の引受けの申込みをする者は、申込みをする者の氏名又は名称及び住所及び引き受けようとする募集株式の数を記載した書面を株式会社に交付しなければならない。
エ．株主に株式の割当てを受ける権利を与えた場合において、株主が募集株式の引受けの申込みの期日までに申込みをしないときは、当該株主は、募集株式の割当てを受ける権利を失う。

問題39. 募集株式の出資の履行に関する以下のアからエまでの記述のうち、誤っているものを1つ選びなさい。

ア．募集株式の引受人（現物出資財産を給付する者を除く。）は、払込期日又は払込期間内に、払込取扱場所で払込金額の全額の払込みをしなければならない。
イ．会社成立前又は新株発行の効力発生前における募集株式の引受人の地位の譲渡は、株式会社に対抗することができない。
ウ．募集株式の引受人は、出資の履行をする債務と株式会社に対する債権とを相殺することができない。
エ．募集株式の引受人は、株主となった日から1年経過後又は株主権を行使した後であっても、詐欺・強迫を理由として募集株式の引受けを取り消すことができる。

問題40. 新株予約権に関する以下のアからオまでの記述のうち、誤っているものを1つ選びなさい。

ア．非公開会社における新株予約権の募集事項の決定は、原則として、株主総会の特別決議によらなければならない。
イ．公開会社における新株予約権の募集事項の決定は、原則として、株主総会の普通決議によらなければならない。
ウ．新株予約権者は、払込期日までに、それぞれの募集新株予約権の払込金額の全額の払込みをしないときは、当該募集新株予約権を行使することができない。
エ．新株予約権者がその有する新株予約権を行使することができなくなったとき、当該新株予約権は消滅する。
オ．新株予約権が2人以上の者の共有に属する場合、共有者は、当該新株予約権についての権利を行使する者1人を定め、株式会社に対し、その者の氏名又は名称を通知しなければ、原則として、当該新株予約権についての権利を行使することができない。

問題41. 会社法上の公開会社における資金調達に関する次の文章のうち、会社法の規定に照らし、（　）に入る最も適切な語句の組合せを、以下のアからエまでのうち1つ選びなさい。

東京証券取引所に上場している甲会社は新商品の開発のために以下の資金調達方法を検討している。

① 株式の発行
② （　a　）の発行
③ 銀行からの借入れ

・株式発行についての意見：甲会社の経営や既存株主に対する影響を避けるために、（　b　）とすることが望ましい。

・その他の意見：発行のコストを省くという観点では、（　c　）を処分する方法も考えられる。

ア．a．社債　　　b．議決権がない株式　　　c．募集株式
イ．a．社債　　　b．議決権がない株式　　　c．自己株式
ウ．a．債権　　　b．配当請求権のない株式　　c．自己株式
エ．a．債権　　　b．配当請求権のない株式　　c．募集株式

問題42. 新株予約権の譲渡に関する以下のアからオまでの記述のうち、誤っているものを1つ選びなさい。

ア．新株予約権の譲渡は、原則として、その新株予約権を取得した者の氏名又は名称及び住所を新株予約権原簿に記載し、又は記録しなければ、株式会社その他の第三者に対抗することができない。

イ．新株予約権者は、原則として、新株予約権付社債に付された新株予約権のみを譲渡することも、新株予約権付社債についての社債のみを譲渡することもできる。

ウ．新株予約権証券の交付を受けた者は、付された新株予約権についての権利を取得できるが、その者に悪意又は重大な過失があるときは、この限りでない。

エ．株式会社は、原則として、自己新株予約権（証券発行新株予約権に限る。）を譲渡した日以後遅滞なく、当該自己新株予約権を取得した者に対し、新株予約権証券を交付しなければならない。

オ．譲渡制限新株予約権を取得した新株予約権取得者は、株式会社に対し、当該譲渡制限新株予約権を取得したことについて承認をするか否かの決定をすることを請求することができる。

問題43. 社債に関する次のaからeまでの記述のうち、誤っているものの組合せを以下のアからオまでのうち1つ選びなさい。

a. 合資会社は、社債を発行することができる。
b. 社債を発行するときは、会社は社債券を発行しなければならない。
c. 社債管理者は、社債の管理に際して、社債権者に対し善管注意義務を負わなければならない。
d. 社債は、その総額が最終事業年度の末日において会社に現存する純資産額を超える場合であっても、発行することができる。
e. 社債の償還請求権及び利息の請求権は、10年間行使しないときは、時効によって消滅する。

ア. aとb　　イ. bとe　　ウ. cとd　　エ. dとe　　オ. aとc

問題44. 社債に関する次のaからdまでの記述のうち、誤っているものの組合せを以下のアからオまでのうち1つ選びなさい。

a. 社債権者集会の決議は、裁判所の認可を受けなければ、その効力を生じない。
b. 社債権者集会は、会社法に規定する事項及び募集社債に関する事項として会社が定めた事項に限り、決議をすることができる。
c. 社債管理者が、社債権者集会を招集するには、裁判所の許可を得なければならない。
d. 社債管理者になることができるのは、銀行、信託会社又はこれらに準ずるものとして法務省令で定められる者に限られる。

ア. aとb　　イ. aとd　　ウ. bとc　　エ. cとd　　オ. bとd

問題45. 次の表は、発起人が株式会社設立のために現金で800万円を出資し、会社法の規定に基づいて行った会計処理の仕訳である。（　）に入る最も適切な語句の組合せを、以下のアからオまでのうち1つ選びなさい。

借方勘定科目	借方金額	貸方勘定科目	貸方金額
現金	800万円	(a)	(b)
		資本準備金	(c)

ア. a. 資本金　　　　b. 500万円　　c. 300万円
イ. a. 資本金　　　　b. 200万円　　c. 600万円
ウ. a. 資本剰余金　　b. 400万円　　c. 400万円
エ. a. 資本剰余金　　b. 200万円　　c. 600万円
オ. a. 資本剰余金　　b. 500万円　　c. 300万円

問題46. 計算書類等に関する以下のアからエまでの記述のうち、誤っているものを1つ選びなさい。

ア．会社法上、決算に際して作成が義務付けられている計算書類には、貸借対照表、損益計算書などがある。
イ．株式会社は、会計帳簿の閉鎖の時から10年間、その会計帳簿及びその事業に関する重要な資料を保存しなければならない。
ウ．原則として、自己株式を除く発行済株式の10分の1以上の株式を有する株主でなければ、会計帳簿の閲覧を請求できない。
エ．会計監査人設置会社の事業報告については、会計監査人の監査を受ける必要がない。

問題47. 計算の総説及び計算書類に関する以下のアからエまでの記述のうち、誤っているものを1つ選びなさい。

ア．資本金の額を減少するには、あわせて株式の消却又は併合を行わなければならない。
イ．金銭債権は、債務者の資産状況が悪化し、回収不能となるおそれがあるときは、貸借対照表上は、債権額全額を資産として計上することはできない。
ウ．会社の設立にあたって、株式会社の資本金の額は、定款で定める必要はない。
エ．株式会社の会計は、その規模にかかわらず、一般に公正妥当と認められる企業会計の慣行に従わなければならない。

問題48. 会社の計算に関する以下のアからオまでの記述のうち、誤っているものを1つ選びなさい。

ア．貸借対照表の資産の部は、流動資産、固定資産及び繰延資産の3つに区分される。
イ．会計監査人設置会社であって一定の条件を満たす会社は、剰余金の処分として任意積立金の積立てをする場合には、財産の流出を伴わない剰余金の処分にあたるので株主総会から取締役会への権限移譲が認められている。
ウ．剰余金の配当を行う株式会社は、当該株式会社の新株予約権を配当財産とすることができない。
エ．株式会社は、その純資産額にかかわらず、剰余金の配当をすることができる。
オ．会社法では、事業年度中に剰余金の配当を行う回数についての制限は設けていない。

問題49. 自己株式に関する次のaからeまでの記述のうち、誤っているものの組合せを以下のアからオまでのうち1つ選びなさい。

a. 株式会社は、自己株式については議決権を有しない。
b. 株式会社は、自己株式については剰余金の配当をすることができる。
c. 株式会社は、自己株式に募集株式の株主割当てをすることができる。
d. 株式会社は、自己株式をいつでも消却することができる。
e. 株式会社は、自己株式を譲渡する場合、新株発行と同じ規制に服する。

ア．aとc　　イ．aとd　　ウ．bとc　　エ．bとe　　オ．cとe

問題50. 次の文章は、キャッシュ・アウトについて述べたものである。（　）に入る最も適切な語句の組合せを、以下のアからエまでのうち1つ選びなさい。

　　キャッシュ・アウトとは、ある者（買収者）が、株式会社（対象会社）の発行する株式全部を、当該株式の株主の個別の同意を得ることなく、金銭を対価として取得する行為をいう。現行の会社法上、キャッシュ・アウトの方法としては、①対象会社の株主総会の特別決議による承認を得て行う方法と、②それ以外の方法がある。①の方法としては、金銭を対価とする株式交換（略式以外のもの）、株式の併合及び（　a　）の取得があり、②の方法としては、買収者が対象会社の総株主の議決権の（　b　）以上の議決権を有する場合に、対象会社の他の株主全員に対し、その保有株式全部の売渡しを請求するという方法がある。これを（　c　）の株式等売渡請求という。

ア．a. 取得請求権付株式　　　b. 10分の9　　c. 特別支配株主
イ．a. 取得請求権付株式　　　b. 10分の7　　c. 完全親会社
ウ．a. 全部取得条項付種類株式　b. 10分の9　　c. 特別支配株主
エ．a. 全部取得条項付種類株式　b. 10分の7　　c. 完全親会社

問題51. 合併に関する以下のアからエまでの記述のうち、誤っているものを1つ選びなさい。

ア．株式会社を当事会社とする吸収合併において、吸収合併存続株式会社は、吸収合併消滅株式会社の株主に対して、金銭以外の物を合併対価として交付することができる。
イ．吸収合併では、吸収合併消滅会社の債務は当然に吸収合併存続会社に承継される。
ウ．吸収合併消滅株式会社は、効力発生日の前日までに、株主総会の特別決議によって、吸収合併契約等の承認を受けなければならない。
エ．合併（合併により当該株式会社が消滅する場合に限る。）によって解散する株式会社は清算手続きを行わなければならない。

問題52. 株式交換及び株式移転に関する以下のアからエまでの記述のうち、誤っているものを1つ選びなさい。

ア．株式交換の場合において、完全子会社となる会社の株主に対して、完全親会社となる会社の株式に代わって、金銭その他の財産を交付することはできない。
イ．株式移転とは、1又は2以上の株式会社が、その発行済株式の全部を新たに設立する株式会社に取得させることである。
ウ．合同会社は、株式移転における完全親会社となる新設会社にはなれない。
エ．株式交換、株式移転どちらの場合においても反対株主には、株式買取請求権が認められている。

問題53. 事業譲渡等に関する以下のアからエまでの記述のうち、誤っているものを1つ選びなさい。

ア．他の会社の全部の事業を譲受けても、株主総会の特別決議が不要となる場合がある。
イ．株式買取請求をした株主は、事業譲渡等をする株式会社の承諾を得た場合に限り、その株式買取請求を撤回することができる。
ウ．事業の全部を譲渡した株式会社は解散しなければならない。
エ．事業譲渡においては、譲渡会社が債権者の承諾を得て譲受会社に免責的債務引受けをさせない限り、譲渡会社の債務は存続する。

問題54. 株式に関する以下のアからエまでの記述のうち、誤っているものを1つ選びなさい。

ア．取得条項付株式とは、当該種類の株式について、株主が当該株式会社に対してその取得を請求することができる株式をいう。
イ．全部取得条項付種類株式とは、2種類以上の株式を発行する株式会社が、そのうちの1つの種類の株式の全部を株主総会の特別決議によって取得することができる旨の定款の定めがある種類の株式である。
ウ．議決権制限株式は、公開会社でない株式会社のみならず、公開会社である株式会社においても発行することができる。
エ．優先株式とは、剰余金又は残余財産の配当（配分）に関する地位が他の株式よりも優越する株式をいう。

問題55. 種類株主総会に関する以下のアからエまでの記述のうち、誤っているものを1つ選びなさい。

ア．種類株主総会は、会社法に規定する事項及び定款で定めた事項に限り、決議をすることができる。

イ．種類株主総会の特別決議は、定款に別段の定めがある場合を除き、その種類の株式の総株主の議決権の過半数を有する株主が出席し、出席した当該株主の議決権の過半数をもって行う。

ウ．ある種類の株式に全部取得条項を付すときは、当該種類の株式の種類株主を構成員とする種類株主総会の特別決議による承認を要し、かつ、反対株主は株式買取請求権を有する。

エ．ある種類の株式に譲渡制限を付すときは、当該種類の株式の種類株主を構成員とする種類株主総会の特殊決議による承認を要し、かつ、反対株主は株式買取請求権を有する。

問題56. 解散・清算に関する次のaからdまでの記述のうち、正しいものの組合せを以下のアからエまでのうち1つ選びなさい。

a. 取締役会設置会社である株式会社が、株主総会の決議で解散した場合、清算人会を置かなければならない。

b. 株式会社が、株主総会の決議で解散した場合、その会社は、清算が結了するまでは株主総会の特別決議によって、株式会社を継続することができる。

c. 取締役は、株式会社が解散したときは、裁判所に清算人の選任を請求しなければならない。

d. 株主は、会社が解散した後でも、その有する株式を譲渡することができる。

ア．aとb　　イ．aとc　　ウ．bとd　　エ．cとd

問題57. 次の表は、持分会社の債権者に対する責任関係を示したものである。（　）に入る最も適切な語句の組合せを、以下のアからエまでのうち1つ選びなさい。

会社の種類	会社の債権者に対する責任関係
合同会社	債権者に対して、（ a ）を負う社員だけで構成される会社
（ b ）	債権者に対して、無限責任を負う社員と有限責任を負う社員によって構成される会社
（ c ）	債権者に対して、（ d ）を負う社員だけで構成される会社

ア．a. 無限責任　　b. 合名会社　　c. 合資会社　　d. 有限責任

イ．a. 無限責任　　b. 合資会社　　c. 合名会社　　d. 有限責任

ウ．a. 有限責任　　b. 合名会社　　c. 合資会社　　d. 無限責任

エ．a. 有限責任　　b. 合資会社　　c. 合名会社　　d. 無限責任

問題58. 持分会社に関する以下のアからエまでの記述のうち、誤っているものを１つ選びなさい。

ア．合名会社の社員は、信用又は労務を出資することができる。
イ．合同会社が新たに社員を加入させる場合、定款の変更をしなければならない。
ウ．持分会社の成立後に加入した社員は、その加入前に生じた会社の債務について責任を負わない。
エ．持分会社の社員は、やむを得ない事由があるときはいつでも退社することができる。

問題59. 組織変更に関する以下のアからエまでの記述のうち、誤っているものを１つ選びなさい。

ア．合名会社から合同会社に変更するのは、組織変更ではない。
イ．組織変更をする株式会社は、効力発生日の前日までに、組織変更計画について当該株式会社の総株主の同意を得なければならない。
ウ．組織変更をする会社の債権者は、当該会社に対し、組織変更について異議を述べることはできない。
エ．株主などによる組織変更の無効は、訴えによらなければ主張できない。

問題60. 雑則に関する以下のアからエまでの記述のうち、誤っているものを１つ選びなさい。

ア．会社の設立が不法な目的に基づいてされたとき、裁判所は、公益を確保するため会社の存立を許すことができないと認めるときは、法務大臣又は株主、社員、債権者その他の利害関係人の申立てにより、会社の解散命令をすることができる。
イ．裁判所は、会社財産に関し管理人による管理を命ずる処分をする場合、管理人を選任しなければならない。
ウ．株主が会社の解散命令の申立てをしたときは、裁判所は、会社の申立てにより、当該申立てをした株主に対し、相当の担保を立てるべきことを命ずることができる。
エ．裁判所は、会社の解散命令の申立てがあった場合、利害関係人の申立てがなければ、決定があるまでの間、職権で必要な保全処分を命ずることはできない。

会社法務士認定試験

解答・解説

問題1．イ　会社の定義

本問は、会社の定義についての理解を問うものである。

- **ア　正しい。** 公開会社とは、その発行する全部又は一部の株式の内容として譲渡による当該株式の取得について株式会社の承認を要する旨の定款の定めを設けていない株式会社をいう（会社法2条5号）。従って、本記述は正しい。

- **イ　誤り。** 子会社とは、会社がその総株主の議決権の過半数を有する株式会社その他の当該会社がその経営を支配している法人として法務省令で定めるもの（同号に規定する会社が他の会社等の財務及び事業の方針の決定を支配している場合における当該他の会社等）をいう（会社法2条3号、会社法施行規則3条1項）。従って、本記述は誤っている。

- **ウ　正しい。** 親会社とは、株式会社を子会社とする会社その他の当該株式会社の経営を支配している法人として法務省令で定めるもの（会社等が同号に規定する株式会社の財務及び事業の方針の決定を支配している場合における当該会社等）をいう（会社法2条4号、会社法施行規則3条2項）。従って、本記述は正しい。

- **エ　正しい。** 外国会社とは、外国の法令に準拠して設立された法人その他の外国の団体であって、会社と同種のもの又は会社に類似するものをいう（会社法2条2号）。従って、本記述は正しい。

- **オ　正しい。** 大会社とは、最終事業年度に係る貸借対照表に資本金として計上した額が5億円以上である株式会社、又は最終事業年度に係る貸借対照表の負債の部に計上した額の合計額が200億円以上である株式会社をいう（会社法2条6号）。従って、本記述は正しい。

問題2．エ　設立時取締役

本問は、設立時取締役についての理解を問うものである。

- **a　正しい。** 発起人は、出資の履行が完了した後、遅滞なく、設立時取締役（株式会社の設立に際して取締役となる者をいう。）を選任しなければならない（会社法38条1項）。従って、本記述は正しい。

- **b　正しい。** 設立時役員等（設立時取締役、設立時会計監査人など）の選任は、発起人の議決権の過半数をもって決定する（会社法40条1項）。従って、本記述は正しい。

- **c　誤り。** 設立しようとする株式会社が取締役会設置会社である場合には、設立時取締役は、3人以上でなければならない（会社法39条1項）。従って、本記述は誤っている。

- **d　誤り。** 発起人は、株式会社の成立の時までの間、その選任した設立時役員等（定款で設立時役員等と定められ、出資の履行の履行により選任されたとみなされる者を含む）を解任することができる（会社法42条）。従って、本記述は誤っている。

- **e　正しい。** 設立時取締役は、現物出資財産等（現物出資及び財産の引受）の調査（会社法46条1項各号）により、法令若しくは定款に違反し、又は不当な事項があると認めるときは、発起人にその旨を通知しなければならない（会社法46条2項）。従って、本記述は正しい。

以上により、誤っている記述はcとdであり、従って、正解はエとなる。

問題3．エ　支配人

本問は、支配人についての理解を問うものである。

- ア　正しい。　支配人は、他の使用人を選任し、又は解任することができる（会社法11条2項）。従って、本記述は正しい。
- イ　正しい。　支配人は、会社に代わってその事業に関する一切の裁判上又は裁判外の行為をする権限を有する（会社法11条1項）。従って、本記述は正しい。
- ウ　正しい。　支配人は、会社の許可を受ければ、他の会社の取締役、執行役又は業務を執行する社員となることができる（会社法12条1項4号）。従って、本記述は正しい。
- エ　誤り。　支配人は、会社の許可を受ければ、自己又は第三者のために会社の事業の部類に属する取引をすることができる（会社法12条1項2号）。従って、本記述は誤っている。

問題4．オ　会社の通則・商号

本問は、会社の通則・商号についての理解を問うものである。

- a　誤り。　会社は、法人とする（会社法3条）。会社が法律上、権利や義務の主体となり得る地位、資格のことを「法人格」という。従って、本記述は誤っている。
- b　誤り。　会社の住所は、その本店の所在地にあるものとする（会社法4条）。従って、本記述は誤っている。
- c　誤り。　会社（外国会社を含む）は、その名称を商号（商人が営業上自己を表示するために用いる名称）とする（会社法6条1項）。従って、本記述は誤っている。
- d　正しい。　会社（外国会社を含む）がその事業としてする行為及びその事業のためにする行為は、商行為とする（会社法5条）。従って、本記述は正しい。
- e　正しい。　会社は、その商号中に、他の種類の会社であると誤認されるおそれのある文字を用いてはならない（会社法6条3項）。例えば、他人に合同会社なのに株式会社と誤認させるような文字を使用してはならない。従って、本記述は正しい。

以上により、正しい記述はdとeであり、従って、正解はオとなる。

問題5．オ　定款の作成

本問は、株式会社における定款の作成についての理解を問うものである。

- ア　正しい。　定款には、発起人の全員が署名し、又は記名押印しなければならない（会社法26条1項）。従って、本記述は正しい。

- イ　正しい。　発起人は、電磁的記録をもって定款を作成することができるが、この場合は、法務省令で定めるところにより電子署名をしなければならない（会社法26条2項、会社法施行規則225条1項）。従って、本記述は正しい。
  電磁的記録とは、電子的方式、磁気的方式その他人の知覚によっては認識することができない方式で作られる記録であって、電子計算機による情報処理の用に供されるものとして法務省令で定めるものをいう。

- ウ　正しい。　発起人が作成した定款は、公証人の認証を受けなければ、その効力を生じない（会社法30条1項）。従って、本記述は正しい。

- エ　正しい。　発起人（株式会社の成立後にあっては、当該株式会社）は、定款を発起人が定めた場所（株式会社の成立後にあっては、原則として、その本店及び支店）に備え置かなければならない（会社法31条1項）。従って、本記述は正しい。

- オ　誤り。　定款には、絶対的記載事項（会社法27条）及び相対的記載事項（会社法28条）以外の事項（任意的記載事項）も記載することができる。強行法規に反しない限り、任意的記載事項に制限はない。任意的記載事項の例として、定時株主総会の招集日、株主総会の議長、取締役や監査役の員数、事業年度などを挙げることができる。従って、本記述は誤っている。

問題6．ア　定款の記載事項

本問は、定款の相対的記載事項についての理解を問うものである。

- ア　誤り。　「設立に際して出資される財産の価額又はその最低額」は、定款の絶対的記載事項である（会社法27条4号）。従って、本記述は誤っている。

- イ　正しい。　現物出資者の氏名又は名称、当該財産及びその価額並びにその者に対して割り当てる設立時発行株式の数（設立しようとする株式会社が種類株式発行会社である場合にあっては、設立時発行株式の種類及び種類ごとの数）は、定款の相対的記載事項である（会社法28条1号）。従って、本記述は正しい。

- ウ　正しい。　株式会社の成立により、発起人が受ける報酬その他の特別の利益及びその発起人の氏名又は名称は、定款の相対的記載事項である（会社法28条3号）。従って、本記述は正しい。

- エ　正しい。　株式会社の成立後に譲り受けることを約した財産及びその価額並びにその譲渡人の氏名又は名称は、定款の相対的記載事項である（会社法28条2号）。従って、本記述は正しい。

- オ　正しい。　株式会社の負担する設立に関する費用（定款認証の手数料その他株式会社に損害を与えるおそれがないものとして法務省令で定めるものを除く。）は、定款の相対的記載事項である（会社法28条4号）。従って、本記述は正しい。
  株式会社に損害を与えるおそれがないものとして法務省令で定めるもの（会社法施行規則5条）
  1．印紙税
  2．設立時発行株式と引換えにする金銭の払込みの取扱いをした銀行等に支払うべき手数料及び報酬
  3．定款の記載又は記録事項に関する検査役の選任の規定により決定された検査役の報酬
  4．株式会社の設立の登記の登録免許税

問題7．ウ　発起設立における出資

本問は、発起設立における出資についての理解を問うものである。

- a　正しい。　出資の履行をすべき旨の通知（会社法36条1項）を受けた発起人は、定められた期日までに出資の履行をしないときは、当該出資の履行をすることにより設立時発行株式の株主となる権利を失う（会社法36条3項）。従って、本記述は正しい。
- b　誤り。　出資の履行をした発起人は、設立登記の完了により、株式会社の成立（会社法49条）をもって、設立時発行株式の株主となる（会社法50条1項）。従って、本記述は誤っている。
- c　誤り。　設立時発行株式の総数は、発行可能株式総数の4分の1を下ることができないが、設立しようとする株式会社が公開会社でない場合は、この限りでない（会社法37条3項）。従って、本記述は誤っている。
- d　正しい。　発起人は、定款に変態設立事項（会社法28条各号）についての記載又は記録があるときは、公証人の認証の後遅滞なく、当該事項を調査させるため（調査不要の場合を除く。（会社法33条10項））、裁判所に対し、検査役の選任の申立てをしなければならない（会社法33条1項）。従って、本記述は正しい。

　以上により、誤っている記述はbとcであり、従って、正解はウとなる。

問題8．ウ　株式会社の設立

本問は、株式会社の設立についての理解を問うものである。

- a　正しい。　募集設立の場合は創立総会を開催することが必要である（会社法65条1項）が、発起設立の場合は必要がない。従って、本記述は正しい。
  創立総会とは、発起人、株式の引受人による意思決定機関であり、会社設立後の株主総会の前身にあたるものである。
- b　誤り。　設立時募集株式の引受人は、金銭の払込を行うことしか規定されていないため、発起人と異なり現物出資をすることができない（会社法63条1項を同法34条1項と対比）。「発起人は、設立時発行株式の引受け後遅滞なく、その引き受けた設立時発行株式につき、その出資に係る金銭の全額を払い込み、又はその出資に係る金銭以外の財産の全部を給付しなければならない」（会社法34条1項）。発起設立、募集設立に関係なく発起人は現物出資ができる。従って、本記述は誤っている。
- c　誤り。　株式会社の設立には、「発起設立」と「募集設立」の2つの方法があるが、どちらの設立方法であっても発起人は、株式会社の設立に際し、設立時発行株式を1株以上引き受けなければならない。「各発起人は、株式会社の設立に際し、設立時発行株式を1株以上引き受けなければならない」（会社法25条2項）。従って、本記述は誤っている。
- d　正しい。　設立時募集株式の払込金額その他の募集の条件は、当該募集ごとに、均等に定めなければならない（会社法58条3項）。従って、本記述は正しい。

　以上により、誤っている記述はbとcであり、従って、正解はウとなる。

問題 9．　ア　設立関与者の責任

本問は、設立関与者の責任についての理解を問うものである。

- **ア　誤り。** 発起設立の場合、発起人（現物出資した者又は財産の譲渡人を除く。）は、①検査役の調査を経たとき、又は②当該発起人が無過失を証明したときは、現物出資財産の不足額填補責任（会社法52条1項）を負わない（会社法52条2項）。よって、不足額を生じさせた現物出資者である発起人は、①②の場合であっても現物出資財産の不足額填補責任を免れることはできない（会社法52条2項かっこ書）。従って、本記述は誤っている。

- **イ　正しい。** 発起人は、総株主の同意を得た場合に限り、現物出資財産の不足額填補責任（会社法52条1項）を免除される（会社法55条）。従って、本記述は正しい。

- **ウ　正しい。** 設立時募集株式の引受人は、払込みを仮装した場合には、原則として、株式会社に対し、払込みを仮装した払込金額の全額の支払をする義務を負う（会社法102条の2第1項）。従って、本記述は正しい。

- **エ　正しい。** 株式会社が成立しなかったときは、発起人は、連帯して、株式会社の設立に関してした行為についてその責任を負い、株式会社の設立に関して支出した費用を負担する（会社法56条）。従って、本記述は正しい。

問題 10．　ア　株式の流通

本問は、株式の流通についての理解を問うものである。

- **ア　正しい。** 判例は、株式の譲渡制限を許している立法趣旨は、もっぱら会社にとって好ましくない者が株主となることを防止することにあると解される。そして、趣旨と株式の譲渡が本来自由であるべきことに鑑みると、定款に株式の譲渡制限の定めがある場合、取締役会の承認を得ずになされた株式の譲渡は、会社に対する関係では効力を生じないが、譲渡当事者間においては有効であると解される（最判昭48.6.15）。従って、本記述は正しい。

- **イ　誤り。** 判例は、株式の譲渡につき、定款をもって取締役会の承認を要する旨を定めることは、専ら会社にとって好ましくない者が株主となることを防止し、もって譲渡人以外の株主の利益を保護することにあると解される……から、本件のようないわゆる一人会社の株主がその保有する株式を他に譲渡した場合には、定款所定の取締役会の承認がなくとも、その譲渡は、会社に対する関係において有効と解される（最判平5.3.30）。従って、本記述は誤っている。

- **ウ　誤り。** 譲渡制限株式（会社法2条17号）をその株主が譲渡する場合は、株式に譲渡制限が付されていることから、当該株式の取得についてその株式を発行する会社の承認が必要となるが、相続のような一般承継による当該譲渡制限株式の移転は含まれない（会社法134条4号）。よって、当該譲渡制限株式の取得の承認を請求する必要はない。従って、本記述は誤っている。

- **エ　誤り。** 株主が譲渡承認請求（会社法136条）をした日から2週間が経過したにもかかわらず、株式会社が承認するか否かの決定の内容について、通知（会社法139条2項）をしないときは、当該会社と当該株主の間に別段の定めがある場合を除き、承認をする旨の決定をしたものとみなされる（会社法145条1号）。従って、本記述は誤っている。

問題11．ウ　株主平等の原則

本問は、株主平等の原則についての理解を問うものである。

- ア　正しい。　公開会社でない株式会社は、株主平等の原則（会社法109条１項）の例外として、剰余金の配当を受ける権利（105条１項１号）に関する事項について、株主ごとに異なる取扱いを行う旨を定款で定めることができる（会社法109条２項）。従って、本記述は正しい。

- イ　正しい。　公開会社でない株式会社は、株主平等の原則（会社法109条１項）の例外として、残余財産の分配を受ける権利（105条１項２号）に関する事項について、株主ごとに異なる取扱いを行う旨を定款で定めることができる（会社法109条２項）。従って、本記述は正しい。

- ウ　誤り。　公開会社でない株式会社は、株主平等の原則（会社法109条１項）の例外として、株主総会における議決権（105条１項３号）に関する事項について、株主ごとに異なる取扱いを行う旨を定款で定めることができる（会社法109条２項）。従って、本記述は誤っている。

- エ　正しい。　判例は、特定の株主による経営支配権の取得に伴い、会社の企業価値がき損され、会社の利益ひいては株主の共同の利益が害されることになるような場合には、その防止のために当該株主を差別的に取り扱ったとしても、当該取扱いが衡平の理念に反し、相当性を欠くものでない限り、直ちに株主平等の原則の趣旨に反するものということはできないとしている（最決平19．８．７）。従って、本記述は正しい。

問題12．イ　利益供与の禁止

本問は、会社法の禁止する利益供与（会社法120条）についての理解を問うものである。

- ア　正しい。　株式会社が、自己の計算において、特定の株主に対して無償で財産上の利益の供与をした場合には、その会社は、株主の権利の行使に関する利益の供与をしたものと推定される（会社法120条２項前段）。従って、本記述は正しい。

- イ　誤り。　株主の権利の行使に関する利益の供与をすることに関与した取締役は、株式会社に対して、供与した利益の価額に相当する額を支払う義務を負うが（会社法120条４項本文）、「ただし、その者（当該利益の供与をした取締役を除く。）がその職務を行うについて注意を怠らなかったことを証明した場合は、この限りでない」と規定されている（会社法120条４項ただし書）。よって、株主の権利の行使に関する利益の供与をした取締役は、無過失を立証したときであっても責任を免れない。従って、本記述は誤っている。

- ウ　正しい。　株主の権利の行使に関する利益の供与をした取締役は、株式会社に対して、供与した利益の価額に相当する額を支払う義務を負うが、総株主の同意により責任を免除することができる（会社法120条５項）。従って、本記述は正しい。

- エ　正しい。　判例は、株式会社から見て好ましくない株主が議決権を行使することを回避する目的で、当該会社が、自己の計算において、第三者に対してその株主から株式を譲り受けるための対価を供与した場合には、株主の権利の行使に関する利益の供与に該当するとしている（最判平18．４．10）。従って、本記述は正しい。

問題 13.　ア　株主名簿

本問は、株主名簿についての理解を問うものである。

- **ア　誤り。**　株主名簿は書面（帳簿、カード等）の形式ではなく、電磁的記録の形式で存在していてもよい。会社法121条柱書では、「記載し、又は記録しなければならない」と規定しており、書面だけなく、電磁的記録の形式で存在していてもよい旨を定めている（会社法125条2項2号）。従って、本記述は誤っている。

- **イ　正しい。**　非株券発行会社の株主は、当該会社に対して、株主名簿記載事項を記載した書面（又は株主名簿記載事項を記録した電磁的記録）の交付を請求することができる（会社法122条）。従って、本記述は正しい。

- **ウ　正しい。**　株式会社が株主に対してする通知又は催告は、株主名簿に記載し、又は記録した当該株主の住所（当該株主が別に通知又は催告を受ける場所又は連絡先を当該株式会社に通知した場合にあっては、その場所又は連絡先）にあてて発すれば足りる（会社法126条1項）。従って、本記述は正しい。

- **エ　正しい。**　株式会社は、株主名簿管理人（株式会社に代わって株主名簿の作成及び備置きその他の株主名簿に関する事務を行う者をいう。）を置く旨を定款で定め、当該事務を行うことを委託することができる（会社法123条）。従って、本記述は正しい。

- **オ　正しい。**　株式会社は、一定の日（「基準日」）を定めて、基準日において株主名簿に記載され、又は記録されている株主（「基準日株主」）をその権利を行使することができる者と定めることができる（会社法124条1項）。従って、本記述は正しい。

問題14.　ア　株式の併合

本問は、株式の併合（会社法180条1項）についての理解を問うものである。

- **ア　誤り。**　株式会社が株式の併合をしようとするときは、その都度、株主総会の特別決議によって、併合の割合、株式併合の効力発生日、種類株式発行会社の場合は併合する株式の種類、発行可能株式総数を定めなければならない（会社法180条2項、309条2項4号）。従って、本記述は誤っている。

- **イ　正しい。**　株式会社が株式の併合をしようとするときは、取締役は、株主総会において、株式の併合をすることを必要とする理由を説明しなければならない（会社法180条4項）。従って、本記述は正しい。

- **ウ　正しい。**　株式の併合が法令又は定款に違反する場合において、株主が不利益を受けるおそれがあるときは、株主は、株式会社に対し、当該株式の併合をやめることを請求することができる（会社法182条の3）。従って、本記述は正しい。

- **エ　正しい。**　株式会社が株式の併合をすることにより株式の数に1株に満たない端数が生ずる場合には、反対株主は、当該株式会社に対し、自己の有する株式のうち1株に満たない端数となるものの全部を公正な価格で買い取ることを請求することができる（会社法182条の4第1項）。従って、本記述は正しい。
   反対株主：株式併合の株主総会に先立って当該株式の併合に反対する旨を当該株式会社に通知し、かつ、当該株主総会において当該株主の併合に反対した株主及び当該株主総会において議決権を行使することができない株主（会社法182条の4第2項）。

問題15.　ウ　株式の分割・株式無償割当て

本問は、株式の分割（会社法183条1項）と株式無償割当て（会社法185条）についての理解を問うものである。

- ア　正しい。　株式の分割（出資単位を細分化すること）では同一種類の株式の数が増加するが、株式無償割当てでは同一又は異なる種類の株式が割り当てられる。従って、本記述は正しい。

- イ　正しい。　株式の分割は法文上「株式の発行」とは観念されないが、株式無償割当ては新株が割り当てられる場合には「株式の発行」に含まれる。従って、本記述は正しい。

- ウ　誤り。　株式の分割では保有する自己株式を交付することはできないが、株式無償割当てでは保有する自己株式を交付することができる。従って、本記述は誤っている。

- エ　正しい。　株式の分割では決定機関について定款で別段の定めができない（会社法183条1項を参照）が、株式無償割当てでは決定機関について定款で別段の定めができる（会社法186条3項ただし書）。従って、本記述は正しい。

問題16.　エ　単元株制度

本問は、単元株制度（会社法188条以下）についての理解を問うものである。

- ア　正しい。　種類株式発行会社においては、単元株式数は、株式の種類ごとに定めなければならない（会社法188条3項）。従って、本記述は正しい。

- イ　正しい。　単元未満株主は、その有する単元未満株式について、株主総会及び種類株主総会において議決権を行使することができない（会社法189条1項）。従って、本記述は正しい。

- ウ　正しい。　単元未満株主は、株式会社に対し、自己の有する単元未満株式を買い取ることを請求することができる（会社法192条1項）。従って、本記述は正しい。

- エ　誤り。　株券発行会社は、単元未満株式に係る株券を発行しないことができる旨を定款で定めることができる（会社法189条3項）。従って、本記述は誤っている。

問題17. ウ　株式会社の機関設計

本問は、株式会社の機関設計（会社法326条以下）についての理解を問うものである。

- **ア　正しい。** 公開会社は、取締役会を置かなければならない（会社法327条1項1号）。公開会社では、株式の譲渡を通じて株主が頻繁に交代することが予定され、個々の株主が業務執行者を十分に監視することが期待しにくいからである。従って、本記述は正しい。

- **イ　正しい。** 監査役会設置会社は、取締役会を置かなければならない（会社法327条1項2号）。仮に、監査役会設置会社に取締役会の設置義務がないとすると、取締役は1人しかいないが監査役が3人以上存在する（会社法335条3項）というアンバランスな状態が生じるし、業務執行者よりも監視者の数が多いという機関設計のニーズもないと考えられるからである。従って、本記述は正しい。

- **ウ　誤り。** 監査等委員会設置会社は、監査役を置いてはならない（会社法327条4項）。仮に、監査等委員会設置会社に監査役の設置義務があるとすると、監査等委員会と監査役で機能が重複し、責任の所在が不明確になるからである。従って、本記述は誤っている。

- **エ　正しい。** 公開会社でない大会社は、会計監査人を置かなければならない（会社法328条2項）。大会社では会社債権者を保護するため計算書類の適正化を図る要請が大きく、また、会計監査人の設置に伴う費用を負担する力があると考えられるからである。従って、本記述は正しい。

- **オ　正しい。** 指名委員会等設置会社は、会計監査人を置かなければならない（会社法327条5項）。指名委員会等設置会社では、監査委員会による組織的な監査の前提となる内部統制システムの構築に当たって、計算書類の適正性、信頼性の確保の観点から会計監査人が重要な役割を果たすと考えられるからである。従って、本記述は正しい。

問題18. イ　株主総会の招集

本問は、株主総会の招集（会社法296条以下）についての理解を問うものである。

- **ア　正しい。** 定時株主総会は、毎事業年度の終了後一定の時期に招集しなければならないが（会社法296条1項）、臨時株主総会は、必要がある場合にはいつでも招集することができる（会社法296条2項）。従って、本記述は正しい。

- **イ　誤り。** 取締役が行う株主総会の招集通知は、原則として、公開会社では株主総会の日の2週間前、公開会社でない株式会社にあっては、1週間前までに、株主に対して発しなければならない（取締役会設置会社以外の場合は1週間以下に定めることが可能）（会社法299条1項）。従って、本記述は誤っている。
  ※株主総会に出席できない株主のために書面決議ができると定めた場合、または電磁的方法での決議ができると定めた場合は2週間前まで通知しなければならない。

- **ウ　正しい。** 取締役は、株主総会を招集する場合、書面による通知の発出に代えて、株主の承諾を得て、電磁的方法により通知を発することができる（会社法299条3項、会社法施行令2条）。従って、本記述は正しい。

- **エ　正しい。** 取締役は、株主総会に出席しない株主が書面によって議決権を行使することができることとしたときは、株主総会の招集通知に際して、株主総会参考書類及び議決権行使書面を交付しなければならない（会社法301条1項）。従って、本記述は正しい。

問題 19.　イ　　株主総会

本問は、株主総会についての理解を問うものである。

ア　正しい。　昭和 56 年の改正以前においては、株主総会の決議については特別の利害関係を有する株主は、議決権の行使の公正が疑われるという理由で、議決権の行使ができないとされていたが、資本的多数決を建前とする株主総会の決議について議決権の行使が公正を欠くという理由で議決権の行使を制限することは適当ではないので、むしろ、議決権の行使を認めた上で、その結果、不当な決議がされた場合には決議を事後的に救済する規定をおけば足りるのではという考え方が主流になり、特別の利害関係を有する株主も、株主総会において議決権を行使することができるようになった（会社法 831 条 1 項 3 号）。

イ　誤　り。　本記述は、取締役は、株主総会の目的である事項に関しないものであっても、株主総会において、株主から説明を求められた場合には、その説明をしなければならないとしている点で、誤っている。「取締役、会計参与、監査役及び執行役は、株主総会において、株主から特定の事項について説明を求められた場合には、当該事項について必要な説明をしなければならない。ただし、当該事項が株主総会の目的である事項に関しないものである場合、その説明をすることにより株主の共同の利益を著しく害する場合その他正当な理由がある場合として法務省令で定める場合は、この限りでない」（会社法 314 条ただし書）。

ウ　正しい。　取締役会設置会社においては、株主総会は、会社法に規定する事項及び定款で定めた事項に限り、決議をすることができる（会社法 295 条 2 項）。

エ　正しい。　株主（株主総会において決議をすることができる事項の全部につき議決権を行使することができない株主を除く）の数が 1,000 人以上である場合には、株主総会に出席しない株主が書面によって議決権を行使することができることとする旨（会社法 298 条 1 項 3 号）を定めなければならない。ただし、当該株式会社が金融商品取引所に上場している株式を発行している株式会社であって法務省令で定めるものである場合は、この限りでない（会社法 298 条 2 項）。
法務省令で定めるもの：株式会社の取締役が対象株主の全部に対して金融商品取引法の規定に基づき株主総会の通知に際して委任状の用紙を交付することにより議決権の行使を第三者に代理させることを勧誘している場合における当該株式会社とする（会社法施行規則 64 条）。

問題20.　ウ　株主総会における議決権の行使方法

本問は、株主総会における議決権の行使方法（会社法309条以下）についての理解を問うものである。

- a　正しい。　株主総会の決議は、定款に別段の定めがある場合を除き、議決権を行使することができる株主の議決権の過半数を有する株主が出席し、出席した当該株主の議決権の過半数をもって行う（会社法309条1項）。従って、本記述は正しい。

- b　正しい。　株主は、代理人によってその議決権を行使する場合、当該株主又は代理人は、代理権を証明する書面を株式会社に提出しなければならず（会社法310条1項）、代理権の授与は、株主総会ごとにしなければならない（会社法310条2項）。従って、本記述は正しい。

- c　誤り。　株主総会に出席しない株主のため、株式会社は、株主総会の招集を決する際、電磁的方法による議決権行使を認めることができる（会社法298条1項4号）。もっとも、書面による議決権行使とは異なり、その採用はあくまでも会社の任意である。電磁的方法による議決権行使を認めるためのシステム構築には一定の資本投下が要求されるため、その必要を感じている会社だけが採用すればよいという制度になっている。従って、本記述は誤っている。

- d　誤り。　株主は、その有する議決権を統一しないで行使することができるが（会社法313条1項）、株主が他人のために株式を有する者でないときは、当該株主が同項の規定によりその有する議決権を統一しないで行使することを株式会社は拒むことができる（会社法313条3項）。株主が他人のために株式を有する者である場合には、その他人の意向を反映するため、議決権の不統一行使を認める必要がある。例えば、株式投資信託のように委託者（運営会社）は受益者（株主）それぞれの意思に従って議決権を行使することができる。従って、本記述は誤っている。

以上により、誤っている記述はcとdであり、従って、正解はウとなる。

問題21.　エ　株主総会の議事

本問は、株主総会の議事（会社法314条以下）についての理解を問うものである。

- ア　正しい。　取締役、会計参与、監査役及び執行役は、株主総会において、株主から特定の事項について説明を求められた場合、原則として、当該事項について必要な説明をする義務を負う（会社法314条本文）。従って、本記述は正しい。

- イ　正しい。　株主総会の議長は、その命令に従わない者その他当該株主総会の秩序を乱す者を退場させることができる（会社法315条2項）。従って、本記述は正しい。

- ウ　正しい。　株主総会においては、その決議によって、取締役、会計参与、監査役、監査役会及び会計監査人が当該株主総会に提出し、又は提供した資料を調査する者を選任することができる（会社法316条1項）。従って、本記述は正しい。

- エ　誤り。　株主総会の議事については、法務省令で定めるところにより、議事録を作成しなければならず（会社法318条1項）、株主総会の日から10年間、議事録を株式会社の本店に備え置かなければならない（会社法318条2項）。従って、本記述は誤っている。

問題22.　ア　株主代表訴訟

本問は、株主代表訴訟についての理解を問うものである。

- ア　誤り。　株主等又は株式会社等は、共同訴訟人として、又は当事者の一方を補助するため、原則、責任追及等の訴えに係る訴訟に参加することができる（会社法849条1項）。従って、本記述は誤っている。

- イ　正しい。　株式会社は、責任追及等の訴えを提起したとき、又は前項の訴訟告知を受けたときは、遅滞なく、その旨を公告し、又は株主に通知しなければならない（会社法849条5項）。公開会社でない株式会社等における第5項から第7項までの規定の適用については、第5項中「公告し、又は株主に通知し」とあるのは「株主に通知し」とする（会社法849条9項）。従って、本記述は正しい。

- ウ　正しい。　公開会社である株式会社の株式を6か月前から引き続き有する株主（単元未満株主を除く。）は、当該株式会社に回復することができない損害が生じるおそれがある場合、原則として、当該株式会社に対する提訴請求をすることなく、直ちに株主代表訴訟を提起することができる（会社法847条1・3・5項）。従って、本記述は正しい。

- エ　正しい。　①その者が当該株式会社の株式交換又は株式移転により当該株式会社の完全親会社の株式を取得したとき、②その者が当該株式会社の合併により設立する株式会社又は合併後存続する株式会社若しくはその完全親会社の株式を取得したときは、その者が、訴訟を追行することができる（会社法851条1項1号）。従って、本記述は正しい。

問題23.　イ　取締役の資格

本問は、取締役の資格に関する理解を問うものである。

- ア　誤り。　被保佐人は、保佐人の同意を得ても取締役になることはできない（会社法331条1項2号）。従って、本記述は誤っている。
被保佐人とは、精神上の障害により判断能力が著しく不十分であるとして、家庭裁判上から保佐開始の審判を受けた人。

- イ　正しい。　会社法その他一定の法律の規定に反して刑に処せられ、その執行を終わり又は執行を受けることがなくなった日から2年間は取締役になることができない（会社法331条1項3号）。従って、本記述は正しい。

- ウ　誤り。　法人は取締役となることができない（会社法331条1項1号）。取締役になり得るのは自然人に限られる。よって、法人は取締役になり得ない。株式会社の取締役は、個人的力量を信頼されて選任されたものであり、職務の特質上法人取締役は認められないというのが、登記実務の取り扱いである（昭32.10.30 民甲2088号）。従って、本記述は誤っている。

- エ　誤り。　公開会社では、取締役が株主でなければならないとする規定を定款で定めることはできないが（会社法331条2項本文）、非公開会社では、取締役を株主に限る旨の定款の定めは有効となる（会社法331条2項ただし書）。従って、本記述は誤っている。

- オ　誤り。　旧商法下では、破産者で復権を受けていない者は、取締役の欠格事由であったが、現在の会社法では欠格事由とされていない。従って、本記述は誤っている。

問題 24.　ウ　　取締役の終任・解任

本問は、取締役の終任・解任についての理解を問うものである。

ア　誤り。　役員及び会計監査人は、いつでも、株主総会の決議によって解任することができる（会社法339条1項）。そして社外取締役も「取締役」であるから、「役員」（会社法329条1項）にあたるため、解任の対象となる。正当な理由の有無は、損害賠償を請求する際に考慮されるにとどまる（会社法339条2項）。従って、本記述は誤っている。

イ　誤り。　①役員の職務の執行に関し、不正行為、または法令、定款に違反する重大な事実があったにもかかわらず、当該役員を解任する議案が株主総会において否決された場合、または②拒否権付き株式の規定によりその効力を生じない場合には、6か月前より引き続き継続して総株主の議決権の100分の3以上を有する株主は、取締役解任を請求することができる（会社法854条1項）。よって、直ちに解任請求ができる訳ではない。従って、本記述は誤っている。

ウ　正しい。　累積投票によって選任された取締役を解任するためには、株主総会の特別決議を必要とする（会社法342条6項、309条2項7号）。従って、本記述は正しい。
累積投票とは、株主総会で2名以上の取締役を選任する場合、各株主の議決権に対し、選任する取締役数と同数の議決権が与えられるが、株主はその与えられた議決権の全部を1人の取締役候補者に投票してもよいし、数人の候補者に分けて投票することもできる投票方法である（会社法342条3項）。

エ　誤り。　株主の権利行使に関し財産上の利益を供与したことにより起訴されたことは、欠格事由の発生に当たらない（会社法331条1項3号参照）。よって、当然に取締役の地位を失うわけではない。従って、本記述は誤っている。

問題 25.　ア　　取締役と取締役会

本問は、取締役と取締役会についての理解を問うものである。

ア　誤り。　株式会社は、1人以上の取締役を置かなければならないが（会社法326条1項）、取締役会設置会社においては、取締役は、3人以上でなければならない（会社法331条5項）。従って、本記述は誤っている。

イ　正しい。　「取締役会は、取締役の中から代表取締役を選定しなければならない」（会社法362条3項）。従って、本記述は正しい。

ウ　正しい。　取締役が、その任務を怠ったときは、株式会社に対し、これにより生じた損害を賠償する責任を負う（会社法423条1項）。従って、本記述は正しい。

エ　正しい。　「取締役は、定款に別段の定めがある場合を除き、株式会社（取締役会設置会社を除く）の業務を執行する」（会社法348条1項）。「取締役は、株式会社を代表する。ただし、他に代表取締役その他株式会社を代表する者を定めた場合は、この限りでない」（会社法349条1項）。従って、本記述は正しい。

問題 26. オ 取締役会

本問は、取締役会についての理解を問うものである。

- a 正しい。 取締役会を招集する者は、原則として、取締役会の日の1週間（これを下回る期間を定款で定めた場合にあっては、その期間）前までに、各取締役に対してその通知を発しなければならない（会社法368条1項）。

- b 正しい。 取締役会の決議は、議決に加わることができる取締役の過半数（これを上回る割合を定款で定めた場合にあっては、その割合以上）が出席し、その出席取締役の過半数（これを上回る割合を定款で定めた場合にあっては、その割合以上）をもって行う（会社法369条1項）。従って、本記述は正しい。

- c 誤 り。 取締役会は、重要な財産の処分及び譲受けについて、代表取締役に委任することができない（会社法362条4項1号）。従って、本記述は誤っている。

- d 正しい。 取締役会の決議に参加した取締役であって、当該取締役会の議事録に異議をとどめないものは、その決議に賛成したものと推定する（会社法369条5項）。従って、本記述は正しい。

- e 誤 り。 取締役会は定款に別段の定めがない限り、取締役全員を代表取締役として選定することができる。代表取締役の員数には制限がない（会社法362条3項参照）。従って、本記述は誤っている。

以上により、誤っている記述はcとeであり、従って、正解はオとなる。

問題 27. イ 代表取締役

本問は、代表取締役についての理解を問うものである。

- a 誤 り。 本記述は、代表取締役が、自己の職務の執行の状況を取締役会に報告する必要はないとしている点で、誤っている。代表取締役、又は代表取締役以外の取締役であって、取締役会の決議によって取締役会設置会社の業務を執行する取締役として選定されたものは、3か月に1回以上、自己の職務の執行の状況を取締役会に報告しなければならない（会社法363条1、2項）。従って、本記述は誤っている。

- b 正しい。 代表取締役の権限（株式会社の業務に関する一切の裁判上又は裁判外の行為をする権限）に加えた制限は、善意の第三者に対抗することができない（会社法349条4項・5項）。従って、本記述は正しい。

- c 正しい。 「代表取締役が欠けた場合、又は定款で定めた代表取締役の員数が欠けた場合、任期の満了又は辞任により退任した代表取締役は、新たに選定された代表取締役が就任するまで、なお代表取締役としての権利義務を有する」（会社法351条1項）。従って、本記述は正しい。

- d 誤 り。 会社法2条15号ハは、その株式会社の親会社等の取締役でないことを社外取締役の要件としていることから、親会社の代表取締役は、その子会社である株式会社の社外取締役となることができない。従って、本記述は誤っている。

- e 誤 り。 株式会社が取締役（取締役であった者を含む。）に対して、また取締役が会社に対して訴えを提起する場合、会社と取締役間の訴訟については、株主総会で当該訴えについて株式会社を代表する者を定めることができるとされている（会社法353条）。よって、会社と取締役間の訴訟について会社を代表するのは常に代表取締役であると断定できない。従って、本記述は誤っている。

以上により、正しい記述はbとcであり、従って、正解はイとなる。

問題28．エ　取締役の報酬

本問は、取締役の報酬に関する理解を問うものである。

- **ア　正しい。** 判例は、株式会社の取締役の報酬について、全員に対する総額の最高限度額を株主総会の決議で定めれば、個々の取締役に対する支給額の配分は取締役会に一任したものとしてその決議を有効としている（最判昭60.3.26）。よって、各取締役の個別の報酬額を定める必要はなく、全員に対する総額の最高限度額のみを定めれば足りるとしている。従って、本記述は正しい。

- **イ　正しい。** 判例は、株式会社の使用人兼務取締役についても、別に使用人として給与を受けることを予定しつつ、取締役として受ける報酬額のみを株主総会で決議することとしても、取締役としての実質的意味における報酬が過多でないかどうかについて株主総会が監視機能を果たせなくなるとは考えられず、かかる決議は旧商法269条（現会社法361条）の脱法行為にはあたらないとしている（最判昭60.3.26）。従って、本記述は正しい。

- **ウ　正しい。** 判例は、各取締役の報酬が定款又は株主総会の決議によって具体的に定められた場合、その報酬額は、会社と取締役間の契約内容となり、契約当事者である会社と取締役双方を拘束するから、当該取締役の同意なくその報酬額を減額できないとしている（最判平4.12.18）。従って、本記述は正しい。

- **エ　誤り。** 取締役の「報酬」とは、取締役の職務執行の対価として会社が与える財産上の利益をいい、名目や支給形態あるいは金銭であるか否かを問わないとされる。よって、正規の賃料より低額な賃料で社宅を取締役に提供することも、職務執行の対価として会社が与える財産上の利益（会社法361条1項）にあたる。従って、本記述は誤っている。

問題29．エ　取締役への監督是正と取締役の責任

本問は、取締役への監督是正と取締役の責任についての理解を問うものである。

- **ア　正しい。** 監査役設置会社において、取締役が法令に違反する行為を行い、これにより会社に回復することができない損害を生ずるおそれがあるときは、原則として、6か月前より引き続き株式を有する株主は、当該取締役に対してその行為の差止めを請求することができる（会社法360条1項、3項）。従って、本記述は正しい。

- **イ　正しい。** 判例は、本問と同様の事案において、登記簿上の取締役について不実の登記の効力に関する会社法908条2項を類推適用し、不実の就任登記に承諾を与えた者は自分が取締役でないことを善意の第三者に対抗できず、取締役としての責任を免れることができないとしている（最判昭47.6.15）。従って、本記述は正しい。
  ※加功とは、法律では、犯罪に加担することをいう。

- **ウ　正しい。** 株式会社の業務の執行に関し、定款に違反する重大な事実を疑うに足りる事由がある場合、原則として、発行済株式（自己株式を除く。）の100分の3以上の数の株式を有する株主は、当該株式会社の業務及び財産の状況を調査させるため、裁判所に対し、検査役の選任の申立てをすることができる（会社法358条1項2号）。従って、本記述は正しい。

- **エ　誤り。** 責任限定契約によって事前に責任を軽減することができるのは、非業務執行取締役、会計参与、監査役、会計監査人だけである（会社法427条1項）。そして代表取締役は、非業務執行取締役の要件を満たさない（会社法2条15号イ）。よって、任務懈怠による会社法上の代表取締役の責任（会社法423条1項）は、責任限定契約によって事前に軽減することができない。従って、本記述は誤っている。

問題30. イ 会計参与

本問は、会計参与に関する理解を問うものである。

- ア 正しい。 会計参与は、株式会社又はその子会社の取締役、監査役若しくは執行役又は支配人その他の使用人になることはできない（会社法333条3項1号）。従って、本記述は正しい。
- イ 誤り。 会計参与の権限は、取締役と共同して、計算書類及びその附属明細書、臨時計算書類並びに連結計算書類を作成することであり、この場合に会計参与報告を作成する必要が生じる（会社法374条1項）。よって、会計参与には、取締役の職務の執行を監査する権限はない。従って、本記述は誤っている。
- ウ 正しい。 会計参与は、公認会計士若しくは監査法人、又は税理士若しくは税理士法人でなければならない（会社法333条1項）。従って、本記述は正しい。
- エ 正しい。 会計参与は、株主総会において、会計参与の選任・解任・辞任について意見を述べることができる（会社法345条1項）。従って、本記述は正しい。

問題31. ア 監査役

本問は、監査役に関する理解を問うものである。

- ア 誤り。 監査役の解任について、株主総会の特別決議によって解任することができる旨を定めている（会社法339条1項、309条2項7号）。よって、取締役の権限により解任することはできない。従って、本記述は誤っている。
- イ 正しい。 監査役は、取締役が不正の行為をし、若しくは当該行為をするおそれがあると認めるとき、又は法令若しくは定款に違反する事実若しくは著しく不当な事実があると認めるときは、遅滞なく、その旨を取締役（取締役会設置会社にあっては、取締役会）に報告しなければならない（会社法382条）。従って、本記述は正しい。
- ウ 正しい。 監査役は、取締役が株主総会に提出しようとする議案、書類その他法務省令で定めるものを調査しなければならない。この場合において、法令若しくは定款に違反し、又は著しく不当な事項があると認めるときは、その調査の結果を株主総会に報告しなければならない（会社法384条）。従って、本記述は正しい。
- エ 正しい。 監査役は、取締役が監査役設置会社の目的の範囲外の行為その他法令若しくは定款に違反する行為をし、又はこれらの行為をするおそれがある場合において、当該行為によって当該監査役設置会社に著しい損害が生ずるおそれがあるときは、当該取締役に対し、当該行為をやめることを請求することができる（会社法385条1項）。従って、本記述は正しい。

問題32. イ 監査役会

本問は、監査役会に関する理解を問うものである。

- ア 正しい。　監査役会設置会社が、監査役に対して訴えを提起する場合は、代表取締役が当該監査役会設置会社を代表する（会社法349条4項）。従って、本記述は正しい。
- イ 誤り。　監査役会設置会社では監査役の員数は3人以上で、そのうち半数以上は社外監査役でなければならない（会社法335条3項）。従って、本記述は誤っている。
- ウ 正しい。　監査役会は監査役の中から常勤の監査役を選定しなければならない（会社法390条3項）。従って、本記述は正しい。
- エ 正しい。　監査役は、監査役会の求めがあるときは、いつでもその職務の執行の状況を監査役会に報告しなければならない（会社法390条4項）。従って、本記述は正しい。

問題33. ア 社外監査役

本問は、社外監査役に関する理解を問うものである。

- ア 誤り。　当該株式会社の親会社等の子会社（兄弟会社）の業務執行取締役等は、親会社の指揮・監督を受ける立場にあるので、社外監査役にはなれない（会社法2条16号ニ）。従って、本記述は誤っている。
- イ 正しい。　監査役会設置会社においては、監査役の半数以上が社外監査役でなければならない（会社法335条3項後段）。従って、本記述は正しい。
- ウ 正しい。　社外監査役は、当該株式会社の子会社の会計参与を兼ねることができない（会社法335条2項）。従って、本記述は正しい。
- エ 正しい。　監査役は、その会社に対する損害賠償責任について、定款の定めに基づく責任限定契約を会社と締結することができる（会社法427条1項）。そして、社外監査役も監査役であるから、定款の定めに基づく責任限定契約を会社と締結することができる。従って、本記述は正しい。

問題34. エ 会計監査人

本問は、会計監査人に関する理解を問うものである。

- ア 正しい。　役員（取締役、会計参与及び監査役をいう）及び会計監査人は、株主総会の決議によって選任する（会社法329条1項）。「役員及び会計監査人は、いつでも、株主総会の決議によって解任することができる」（会社法339条1項）。従って、本記述は正しい。
- イ 正しい。　「会計監査人は、公認会計士又は監査法人でなければならない」（会社法337条1項）。従って、本記述は正しい。
- ウ 正しい。　会計監査人は、いつでも、①会計帳簿又はこれに関する資料が書面をもって作成されているときは、当該書面、②会計帳簿又はこれに関する資料が電磁的記録をもって作成されているときは、当該電磁的記録に記録された事項を法務省令で定める方法により表示したものの閲覧及び謄写をし、又は取締役及び会計参与並びに支配人その他の使用人に対し、会計に関する報告を求めることができる（会社法396条2項）。従って、本記述は正しい。
- エ 誤り。　選任後3年以内としている点が誤り。正しくは、選任後1年以内に終了する事業年度のうち最終のものに関する定時株主総会の終結の時までとする。「会計監査人の任期は、選任後1年以内に終了する事業年度のうち最終のものに関する定時株主総会の終結の時までとする」（会社法338条1項）。従って、本記述は誤っている。

問題 35. エ　指名委員会等設置会社

本問は、指名委員会等設置会社全般に関する理解を問うものである。

- ア　誤り。　指名委員会等設置会社の取締役は、当該指名委員会等設置会社の支配人その他の使用人を兼ねることはできない（会社法331条4項）。しかし、取締役は、執行役を兼ねることができる（会社法402条6項）。従って、本記述は誤っている。
- イ　誤り。　執行役が、1人しか置かれていない場合、その者が自動的に代表執行役になる（会社法420条1項後段）。従って、本記述は誤っている。
- ウ　誤り。　報酬委員会は、執行役等（執行役、取締役、会計参与）の個人別の報酬等の内容を決定する職務と権限を有している（会社法404条3項前段）。従って、本記述は誤っている。
- エ　正しい。　執行役の選任・解任は、取締役会の決議による（会社法402条2項、403条1項）。従って、本記述は正しい。

問題36.　イ　監査等委員会設置会社

本問は、監査等委員会設置会社についての理解を問うものである。

- ア　正しい。　監査等委員である取締役とそれ以外の取締役とは、株主総会において、区別して選任しなければならない（会社法329条1項・2項）。従って、本記述は正しい。
- イ　誤り。　監査等委員である取締役は、当該監査等委員会設置会社の子会社の執行役を兼任することができない（会社法331条3項）。従って、本記述は誤っている。
- ウ　正しい。　取締役が、監査等委員である取締役の選任に関する議案を株主総会に提出するには、監査等委員会の同意を得なければならない（会社法344条の2第1項）。従って、本記述は正しい。
- エ　正しい。　監査等委員会で選任された監査等委員は、いつでも、取締役（会計参与設置会社にあっては、取締役及び会計参与）に対しその職務の執行に関する事項の報告を求め、業務及び財産の状況につき調査する権限を有する（会社法399条の3第1項）。従って、本記述は正しい。

問題37.　ウ　会社関係訴訟

本問は、会社関係訴訟についての理解を問うものである。

- ア　正しい。　株式会社の株主が、取締役の責任を追及するために株主代表訴訟を提起した場合、当該株主は遅滞なく株式会社に対して訴訟告知をしなければならない（会社法849条4項）。従って、本記述は正しい。
- イ　正しい。　責任追及等の訴えは、株式会社の本店の所在地を管轄する地方裁判所の管轄に専属する（会社法848条）。よって、株主代表訴訟は、株式会社の本店の所在地を管轄する地方裁判所に提起する必要がある。従って、本記述は正しい。
- ウ　誤り。　会社法上の公開会社において株主代表訴訟を提起するためには、株主は、6か月前から引き続き株式を有している必要がある（会社法847条1項本文）。なお、会社法上この6か月という期間を定款により伸長できるとする規定はないが、下回る期間であれば定款で定めることができる。従って、本記述は誤っている。
- エ　正しい。　株主代表訴訟を提起した株主が敗訴した場合であっても、悪意があったときを除いて、当該株主は、株式会社等に対し、これによって生じた損害を賠償する義務を負わない（会社法852条2項）。従って、本記述は正しい。

問題38. ア　募集株式

本問は、募集株式（会社法199条以下）についての理解を問うものである。

- ア　誤り。　非公開会社における募集事項の決定は、取締役会設置会社にあっては、株主総会の特別決議によって取締役会に委任することができる（会社法200条1項、309条2項5号）。従って、本記述は誤っている。

- イ　正しい。　公開会社が募集事項を定めたときは、金融商品取引法に基づく届出（有価証券の募集又は売り出しの届出）をしている場合（会社法201条5項）を除いて、株主に対し、当該募集事項を通知又は公告しなければならない（会社法201条3項・4項）。従って、本記述は正しい。

- ウ　正しい。　募集に応じて募集株式の引受けの申込みをする者は、申込みをする者の氏名又は名称及び住所及び引き受けようとする募集株式の数を記載した書面を株式会社に交付しなければならない（会社法203条2項）。従って、本記述は正しい。

- エ　正しい。　株主に株式の割当てを受ける権利を与えた場合（会社法202条）において、株主が募集株式の引受けの申込みの期日（会社法202条1項2号）までに申込みをしないときは、当該株主は、募集株式の割当てを受ける権利を失う（会社法204条4項）。従って、本記述は正しい。

問題39. エ　募集株式の出資の履行

本問は、募集株式の出資の履行（会社法208条以下）についての理解を問うものである。

- ア　正しい。　募集株式の引受人（現物出資財産を給付する者を除く）は、払込期日又は払込期間内に、払込取扱場所で払込金額の全額の払込みをしなければならない（会社法208条1項）。従って、本記述は正しい。

- イ　正しい。　会社成立前又は新株発行の効力発生前における募集株式の引受人の地位の譲渡は、株式会社に対抗することができない。つまり、権利株の譲渡人と名義書換が終わっていない譲受人の間で結んだ譲渡契約は当事者間では有効だが、株式会社に対して譲渡を主張することができない（会社法208条4項）。従って、本記述は正しい。

- ウ　正しい。　募集株式の引受人は、出資の履行をする債務と株式会社に対する債権とを相殺することができない（会社法208条3項）。従って、本記述は正しい。

- エ　誤り。　募集株式の引受人は、株主となった日から1年経過後又は株主権を行使した後は、錯誤を理由とする無効主張と詐欺・強迫を理由とする取消しはできない（会社法211条2項）。従って、本記述は誤っている。

問題40.　イ　新株予約権

本問は、新株予約権についての理解を問うものである。
（新株予約権とは、株式会社に新株を発行させるか、または自己株を移転させる権利）

- ア　正しい。　非公開会社における新株予約権の募集事項の決定は、原則として、株主総会の特別決議によらなければならない（会社法238条2項、309条2項6号、241条3項4号）。従って、本記述は正しい。

- イ　誤り。　公開会社における新株予約権の募集事項の決定は、原則として、取締役会決議によらなければならない（会社法240条1項、238条2項、241条3項3号）。従って、本記述は誤っている。

- ウ　正しい。　新株予約権者は、募集新株予約権についての払込期日までに、それぞれの募集新株予約権の払込金額（会社法238条1項3号）の全額の払込み（当該払込みに代えてする金銭以外の財産の給付又は当該株式会社に対する債権をもってする相殺を含む。）をしないときは、当該募集新株予約権を行使することができない（会社法246条3項）。従って、本記述は正しい。

- エ　正しい。　新株予約権者がその有する新株予約権を行使することができなくなったとき、当該新株予約権は消滅する（会社法287条）。従って、本記述は正しい。

- オ　正しい。　新株予約権が2人以上の者の共有に属するときは、共有者は、当該新株予約権についての権利を行使する者1人を定め、株式会社に対し、その者の氏名又は名称を通知しなければ、当該新株予約権についての権利を行使することができない。ただし、株式会社が当該権利を行使することに同意した場合は、この限りでない（会社法237条）。従って、本記述は正しい。

問題41.　イ　資金調達

本問は、募集株式の出資の履行（会社法208条以下）についての理解を問うものである。

> 東京証券取引所に上場している甲会社は新商品の開発のために以下の資金調達方法を検討している。
> ①株式の発行
> ②（　a. **社債**　）の発行
> ③銀行からの借入れ
> ・株式発行についての意見：甲会社の経営や既存株主に対する影響を避けるために、（　b. **議決権がない株式**　）とすることが望ましい。
> ・その他の意見：発行のコストを省くという観点では、（　c. **自己株式**　）を処分する方法も考えられる。

a　企業の資金調達の方法として、株式の発行以外に**社債**の発行等がある。
b　「既存株主に対する影響を避けるため」という文章から、**議決権のない株式**が入る。
c　「発行のコストを省く」という文章から、**自己株式**が入る。

従って、正解は肢イとなる。

問題42. イ　新株予約権の譲渡

本問は、新株予約権の譲渡（会社法254条以下）についての理解を問うものである。

- ア　正しい。　新株予約権の譲渡は、原則として、その新株予約権を取得した者の氏名又は名称及び住所を新株予約権原簿に記載し、又は記録しなければ、株式会社その他の第三者に対抗することができない（会社法257条1項）。従って、本記述は正しい。

- イ　誤り。　新株予約権者は、その有する新株予約権を譲渡することができるが（会社法254条1項）、原則として、新株予約権付社債に付された新株予約権のみを譲渡することはできない（会社法254条2項）。また、原則として、新株予約権付社債についての社債のみを譲渡することもできない（会社法254条3項）。従って、本記述は誤っている。

- ウ　正しい。　新株予約権証券の交付を受けた者は、当該新株予約権証券に係る証券発行新株予約権についての権利を取得する。ただし、その者に悪意又は重大な過失があるときは、この限りでない（会社法258条2項）。従って、本記述は正しい。

- エ　正しい。　株式会社は、自己新株予約権（証券発行新株予約権に限る。）を譲渡した日以後遅滞なく、当該自己新株予約権を取得した者に対し、新株予約権証券を交付しなければならない（会社法256条1項）。ただし、自己新株予約権を取得した者から、請求がある時までは、新株予約権証券を交付しないことが出来る（会社法256条2項）。従って、本記述は正しい。

- オ　正しい。　譲渡制限新株予約権を取得した新株予約権取得者は、株式会社に対し、当該譲渡制限新株予約権を取得したことについて承認をするか否かの決定をすることを請求することができる（会社法263条1項）。従って、本記述は正しい。

問題43. イ　社債

本問は、社債についての理解を問うものである。

- a　正しい。　会社とは、株式会社、合名会社、合資会社又は合同会社をいい（会社法2条1号）、会社は、その発行する社債を引き受ける者とするときは、その都度、募集社債について、募集社債の総額等を定めなければならない（会社法676条）。よって、会社法上のすべての種類の会社が社債を募集形態で発行することができる。従って、本記述は正しい。

- b　誤り。　会社法は、募集事項で定めたときにのみ社債を社債券という形で有価証券化する（会社法676条6号）。従って、本記述は、社債券を発行しなければならないとしている点で、誤っている。

- c　正しい。　社債管理者は、社債権者に対し、善良な管理者の注意をもって社債の管理を行わなければならない（会社法704条2項）。従って、本記述は正しい。

- d　正しい。　現行の会社法上、会社に現存する純資産額を超える場合に社債の発行を禁止する規定はない。従って、本記述は正しい。

- e　誤り。　社債の償還請求権は、10年間行使しないときは、時効によって消滅するが（会社法701条1項）、利息の請求権は5年間行使しないときは、時効によって消滅する（会社法701条2項）。従って、本記述は誤っている。

以上により、誤っている記述はbとeであり、従って、正解はイとなる。

問題44.　ウ　社債

本問は、社債に関する理解を問うものである。

- a　正しい。　社債権者集会の決議は、裁判所の認可を受けなければ、その効力を生じない（会社法734条1項）。従って、本記述は正しい。
- b　誤り。　社債権者集会は、会社法に規定する事項及び社債権者の利害に関する事項について、決議をすることができる（会社法716条）。従って、本記述は誤っている。
- c　誤り。　社債権者集会は、原則として、社債発行会社又は社債管理者が招集するが（会社法717条2項）、その場合において裁判所の許可を得なければならないという規定はない。従って、本記述は誤っている。
- d　正しい。　社債管理者になることができるのは、銀行、信託会社又はこれらに準ずるものとして法務省令で定められる者（内閣総理大臣の免許を受けた者、信用金庫、保険会社など）に限られる（会社法703条、会社法施行規則170条）。従って、本記述は正しい。

　以上により、誤っている記述はbとcであり、従って、正解はウとなる。

問題45.　ア　資本金と資本準備金

本問は、資本金と資本準備金に関する理解を問うものである。

借方勘定科目	借方金額	貸方勘定科目	貸方金額
現金	800万円	（ a. **資本金** ）	（ b. **500万円** ）
		資本準備金	（ c. **300万円** ）

根拠条文：

1. 株式会社の資本金の額は、この法律に別段の定めがある場合を除き、設立又は株式の発行に際して株主となる者が当該株式会社に対して払込み又は給付をした財産の額とする（会社法445条1項）。
2. 前項の払込み又は給付に係る額の二分の一を超えない額は、資本金として計上しないことができる（会社法445条2項）。
3. 前項の規定により資本金として計上しないこととした額は、資本準備金として計上しなければならない（会社法445条3項）。

従って、正解はアとなる。

問題46.　ウ　　計算書類等

本問は、計算書類等に関する理解を問うものである。

- ア　正しい。　会社法上、決算に際して作成が義務付けられている計算書類とは、貸借対照表、損益計算書、その他法務省令で定めるもの（株主資本等変動計算書、個別注記表）である（会社法435条2項、会社計算規則59条1項）。従って、本記述は正しい。
- イ　正しい。　株式会社は、会計帳簿の閉鎖の時から10年間、その会計帳簿及びその事業に関する重要な資料を保存しなければならない（会社法432条2項）。従って、本記述は正しい。
- ウ　誤り。　原則として、自己株式を除く発行済株式の100分の3以上の株式を有する株主は、会計帳簿の閲覧を請求できる（会社法433条1項）。従って、本記述は誤っている。
- エ　正しい。　会計監査人設置会社の事業報告については、会計監査人の監査を受ける必要がない。会計監査人設置会社においては、事業報告及びその付属明細書は監査役の監査を受けなければならない（会社法436条2項2号）。従って、本記述は正しい。

問題47.　ア　　計算の総説と計算書類

本問は、計算の総説と計算書類に関する理解を問うものである。

- ア　誤り。　資本金と株式との関係は切断されており、資本金の額を減少するのに発行済株式総数を減少する必要はない（会社法447条1項参照）。従って、本記述は誤っている。
- イ　正しい。　金銭債権とは、金銭の給付を目的とする債権をいう。そして、金銭債権の評価額は、取得価額とするのが一般原則に合致する。もっとも、金銭債権につき取立不能のおそれがあるときは、取立不能見込額を控除することを要する（会社計算規則5条4項）。従って、本記述は正しい。
- ウ　正しい。　会社法は、会社の設立にあたっては、定款で、設立に際して出資される財産の最低額を定めれば足りるとしている（会社法27条4号）。よって、株式会社の資本金の額は、定款で定める必要はない。従って、本記述は正しい。
- エ　正しい。　株式会社の会計は、その規模にかかわらず、一般に公正妥当と認められる企業会計の慣行に従わなければならない（会社法431条）。従って、本記述は正しい。

問題 48.　エ　　会社の計算

本問は、会社の計算に関する理解を問うものである。

- **ア　正しい。**　貸借対照表の資産の部は、<u>流動資産</u>、<u>固定資産</u>及び<u>繰延資産</u>の3つに区分される（会社計算規則74条1項）。従って、本記述は正しい。
    - ①流動資産は、現金や預金、受取手形、売掛金、有価証券、棚卸資産など比較的短期間に換金される資産のことをいう。
    - ②固定資産は、企業などが販売目的ではなく、長期間にわたって利用または所有する資産のことをいう。
    - ③繰延資産は、既に対価の支払いが終了または支払い義務が確定し、それに対応する役務の提供を受けたものの、その効果が将来に渡って発現するものと期待される費用で、通常、収益との対応関係から次期以降に渡って、その効果の及ぶ期間に配分処理されたものをいう。
- **イ　正しい。**　会計監査人設置会社であって一定の条件を満たす会社は、剰余金の処分として任意積立金の積立てをする場合には、財産の流出を伴わない剰余金の処分にあたるので株主総会から取締役会への権限移譲が認められている（会社法459条1項3号）。従って、本記述は正しい。
- **ウ　正しい。**　株式会社の株式等（株式、社債、新株予約権をいう。会社法107条2項2号ホ）は、配当財産とすることができない（会社法454条1項1号かっこ書）。
- **エ　誤り。**　株式会社は、その純資産額が300万円を下回る場合、剰余金の配当をすることができない（会社法453条、458条）。従って、本記述は誤っている。
- **オ　正しい。**　会社法では、株主総会決議により事業年度中に剰余金の配当を行う回数についての制限は設けていない（会社法453条、454条1項を参照）。従って、本記述は正しい。

問題 49.　ウ　　自己株式

本問は、自己株式（会社法113条4項）についての理解を問うものである。

- **a　正しい。**　株式会社は、自己株式については議決権を有しない（会社法308条2項）。従って、本記述は正しい。
- **b　誤り。**　株式会社は、自己株式については剰余金の配当をすることができない（会社法453条）。従って、本記述は誤っている。
- **c　誤り。**　株式会社は、自己株式に募集株式の株主割当てをすることができない。株主（当該株式会社を除く）は、その有する株式の数に応じて募集株式の割当てを受ける権利を有する（会社法202条2項）。従って、本記述は誤っている。
- **d　正しい。**　株式会社は、自己株式をいつでも消却することができる（会社法178条1項前段）。従って、本記述は正しい。
- **e　正しい。**　株式会社は、自己株式を譲渡する場合、新株発行と同じ規制に服する（会社法199条1項）。従って、本記述は正しい。なお、新株予約権の行使等、引受者を募集しない場合は別である。

　以上により、誤っている記述はbとcであり、従って、正解はウとなる。

問題50．ウ　キャッシュ・アウト

本問は、キャッシュ・アウトについての理解を問うものである。

> キャッシュ・アウトとは、ある者（買収者）が、株式会社（対象会社）の発行する株式全部を、当該株式の株主の個別の同意を得ることなく、金銭を対価として取得する行為をいう。現行の会社法上、キャッシュ・アウトの方法としては、①対象会社の株主総会の特別決議による承認を得て行う方法と、②それ以外の方法がある。①の方法としては、金銭を対価とする株式交換（略式以外のもの）、株式の併合及び<u>全部取得条項付種類株式</u>の取得があり、②の方法としては、買収者が対象会社の総株主の議決権の（<u>10分の9</u>）以上の議決権を有する場合に、対象会社の他の株主全員に対し、その保有株式全部の売渡しを請求するという方法がある。これを（<u>特別支配株主</u>）の株式等売渡請求という。

以上により、a＝「全部取得条項付種類株式」、b＝「10分の9」、c＝「特別支配株主」が入る。従って、正解はウとなる。

① 取得請求権付株式とは、株主が株式会社に対して保有する株式の買い取りを請求できる権利がついた株式のことである。
② 全部取得条項付株式とは、2つ以上の種類の株式を発行する株式会社における、そのうちの1つの種類の株式の全部を株主総会の特別決議によって取得することができる旨の定款の定めがある種類の株式をいう（会社法108条7号）。
③ 完全親会社とは、ある株式会社の発行済株式の全部を保有している株式会社のことをいう（会社法施行規則218条3項）。

問題51．エ　合併

本問は、合併についての理解を問うものである。

ア　正しい。　吸収合併の対価は「金銭等」とされており（会社法749条1項2号柱書）、特に限定されていない。従って、本記述は正しい。

イ　正しい。　吸収合併では、消滅会社の全財産が包括的に存続会社に移転し、消滅会社の債務は当然に存続会社に引き継がれる（会社法750条1項）。従って、本記述は正しい。

ウ　正しい。　吸収合併消滅株式会社は、効力発生日の前日までに、株主総会の特別決議によって、吸収合併契約等の承認を受けなければならない（会社法783条1項、309条3項2号）。従って、本記述は正しい。

エ　誤り。　株式会社は、解散した場合は清算をしなければならないが（会社法475条柱書）、合併（合併により当該株式会社が消滅する場合に限る。）による解散（会社法471条4号）の場合は、一般の解散と異なり、解散会社の権利・義務及び株主は、合併により、当然に存続会社・新設会社へ包括的に承継されるため、清算手続きを行う必要がない（会社法475条1号かっこ書）。従って、本記述は誤っている。

問題52．ア　株式交換及び株式移転

本問は、株式交換及び株式移転についての理解を問うものである。

- ア　誤り。　株式交換の場合において、完全子会社となる会社の株主に対して、完全親会社となる会社の株式ではなく、金銭その他の財産を交付することができる（会社法768条1項2号、770条1項3号）。従って、本記述は誤っている。
  ※株式交換とは、株式会社がその発行済株式の全部を他の株式会社又は合同会社に取得させることをいう。

- イ　正しい。　株式移転とは、1又は2以上の株式会社が、その発行済株式の全部を新たに設立する株式会社に取得させることである（会社法2条32号）。従って、本記述は正しい。

- ウ　正しい。　株式移転は、1又は2以上の株式会社がその発行済株式の全部を新たに設立する「株式会社」に取得させることをいい（会社法2条32号）、株式移転設立完全親会社となれるのは株式会社だけである。よって、持分会社は、合同会社を含めて、株式移転における完全親会社となる新設会社にはなれない（会社法773条1項1号）。従って、本記述は正しい。

- エ　正しい。　株式交換、株式移転どちらの場合においても反対株主には、株式買取請求権が認められている（会社法785条1項、797条1項、806条1項）。従って、本記述は正しい。
    ① 吸収合併等をする場合には、反対株主は、原則として、消滅株式会社等に対し、自己の有する株式を公正な価格で買い取ることを請求することができる（会社法785条1項）。
    ② 吸収合併等をする場合には、反対株主は、原則として、存続株式会社等に対し、自己の有する株式を公正な価格で買い取ることを請求することができる（会社法797条1項）。
    ③ 新設合併等をする場合には、反対株主は、原則として、消滅株式会社等に対し、自己の有する株式を公正な価格で買い取ることを請求することができる（会社法806条1項）。

問題53．ウ　事業譲渡等

本問は、事業譲渡等に関する理解を問うものである。

- ア　正しい。　略式の事業譲渡（会社法468条1項）や簡易の事業譲渡（同条2項）の場合には、株主総会の特別決議は不要である。従って、本記述は正しい。
    ① 略式の事業譲渡とは、事業譲渡等に係る契約の相手方が当該事業譲渡等をする株式会社の特別支配会社である場合に行われる事業譲渡のことである（会社法468条1項）。
    ② 簡易の事業譲渡とは、事業譲渡により譲渡することになる資産の帳簿価額が、譲渡株式会社純資産額の5分の1を超えない場合（5分の1の比率は定款で下回る基準を定めることができる）に行われる事業譲渡のことである（会社法468条2項）。

- イ　正しい。　株式買取請求をした株主は、事業譲渡等をする株式会社の承諾を得た場合に限り、その株式買取請求を撤回することができる。例えば、事業譲渡等が行われた場合に、とりあえず株式の買取請求をして置いて、後日株価が値上がりしたら買取請求を撤回するなどの事例が該当する（会社法469条7項）。従って、本記述は正しい。

- ウ　誤り。　事業の全部譲渡は、会社の解散事由（会社法471条）にはあたらない。目的を変更することで新たな事業をおこなうことも可能なので、当然には解散しない。従って、本記述は誤っている。

- エ　正しい。　事業譲渡は、特定の事業に対する売買契約であり権利義務関係が当然、包括的に承継される訳ではない。譲渡会社は債権者の承諾を得て譲受会社に免責的債務引受けをさせない限り、譲渡会社の債務は存続する。従って、本記述は正しい。

問題54. ア　株式

本問は、株式に関する理解を問うものである。

- ア　誤り。　取得条項付株式とは、株式会社がその発行する全部又は一部の株式の内容として当該株式会社が一定の事由が生じたことを条件として当該株式を取得することができる旨の定めを設けている場合の当該株式をいう（会社法2条19号）。従って、本記述は誤っている。本記述の内容は、「取得請求権付株式」（会社法2条18号）についてのものである。

- イ　正しい。　全部取得条項付種類株式とは、「2種類以上の株式を発行する株式会社が、そのうちの1つの種類の株式の全部を株主総会の特別決議によって取得することができる旨の定款の定めがある種類の株式」である（会社法108条1項7号、171条柱書）。従って、本記述は正しい。

- ウ　正しい。　議決権制限株式（会社法108条1項3号、115条）は、公開会社でない株式会社のみならず、公開会社である株式会社においても発行することができる（会社法108条1項柱書）。従って、本記述は正しい。

- エ　正しい。　株式会社は、次に掲げる事項について異なる定めをした内容の異なる二以上の種類の株式を発行することができる（会社法108条1項1、2号）。
  ①剰余金の配当
  ②残余財産の分配

問題55. イ　種類株主総会

本問は、種類株主総会（会社法321条以下）についての理解を問うものである。

- ア　正しい。　種類株主総会は、会社法に規定する事項及び定款で定めた事項に限り、決議をすることができる（会社法321条）。従って、本記述は正しい。

- イ　誤り。　本記述の内容は種類株主総会の「普通決議」のものである。種類株主総会の普通決議は、定款に別段の定めがある場合を除き、その種類の株式の総株主の議決権の過半数を有する株主が出席し、出席した当該株主の議決権の過半数をもって行う（会社法324条1項）。従って、本記述は誤っている。

- ウ　正しい。　ある種類の株式に全部取得条項（会社法108条1項7号）を付すときは、当該種類の株式の種類株主を構成員とする種類株主総会の特別決議による承認を要し（会社法111条2項1号、324条2項1号）、かつ、反対株主は株式買取請求権を有する（会社法116条1項2号）。従って、本記述は正しい。

- エ　正しい。　ある種類の株式に譲渡制限（会社法108条1項4号）を付すときは、当該種類の株式の種類株主を構成員とする種類株主総会の特殊決議（会社法324条3項）による承認を要し（会社法111条2項1号、324条3項1号）、かつ、反対株主は株式買取請求権を有する（会社法116条1項2号）。従って、本記述は正しい。

問題56. ウ　解散・清算

本問は、解散・清算に関する理解を問うものである。

a　誤り。　清算株式会社は、定款の定めによって、清算人会を置くことができる（会社法477条2項）と規定している。よって、清算人会は、定款にそれを置く旨が明示的に定められた場合にのみ設けられる。従って、本記述は清算人会を置かなければならないとしている点で、誤っている。

b　正しい。　株式会社が、株主総会の決議で解散した場合、その会社は、清算が結了するまでは株主総会の特別決議によって、株式会社を継続することができる（会社法473条、309条2項11号）。従って、本記述は正しい。

c　誤り。　清算株式会社には、1人又は2人以上の清算人を置かなければならない（会社法477条1項）。その清算人には、定款で定める者がある場合、又は株主総会決議によって清算人を選任した場合を除き、解散と同時に取締役がなる（会社法478条1項）。取締役が裁判所に清算人の選任を請求しなければならない旨の規定はない（会社法478条2項参照）。従って、本記述は誤っている。

d　正しい。　株主は、会社が解散した後でも、その有する株式を譲渡することができる（会社法491条、127条）。従って、本記述は正しい。

以上により、正しい記述はbとdであり、従って、正解はウとなる。

問題57.　エ　持分会社

合名会社、合資会社及び合同会社の違いは、社員の責任のあり方による。会社が債務を支払えない場合に社員が無限に責任を負う無限責任社員のみか、出資額を限度に責任を負う有限責任社員のみか、その両方の種類の社員から構成されるかによる。

会社の種類	会社の債権者に対する責任関係
合同会社	債権者に対して、**有限責任**を負う社員だけで構成される会社
合資会社	債権者に対して、無限責任を負う社員と有限責任を負う社員によって構成される会社
合名会社	債権者に対して、**無限責任**を負う社員だけで構成される会社

aは有限責任、bは合資会社、cは合名会社、dは無限責任が入る。従って、正解はエとなる。

①有限責任：責任を負う額に制限がある。

②無限責任：責任を負う額に制限がなく、債務不履行となった場合（履行不能を含む）は、全財産が強制執行の対象となる。

問題58.　ウ　　持分会社の社員

本問は、持分会社の社員に関する理解を問うものである。

ア　正しい。　合名会社の社員は、信用又は労務を出資することができる（会社法576条2項、576条1項6号）。信用の出資とは、自己の信用を会社などに利用させる目的とする出資。民法上の組合や、合名会社、合資会社の無限責任社員のみに認められる。従って、本記述は正しい。

イ　正しい。　合同会社を始め、持分会社において、「社員の氏名又は名称及び住所」は定款の絶対的記載事項であるから（会社法576条1項4号）、その変更には定款の変更（会社法637条）が必要である。そして、新たな社員の加入は、社員の変更であるから、定款の変更をしなければならない。従って、本記述は正しい。

ウ　誤り。　持分会社の成立後に加入した社員は、その加入前に生じた持分会社の債務についても、これを弁済する責任を負う（会社法605条）。従って、本記述は誤っている。

エ　正しい。　持分会社の社員は、やむを得ない事由があるときはいつでも退社することができる（会社法606条3項）。従って、本記述は正しい。

問題59.　ウ　　組織変更

本問は、組織変更に関する理解を問うものである。

ア　正しい。　組織変更とは、株式会社から持分会社に変更、または持分会社から株式会社に変更することである。合名会社・合資会社・合同会社間の変更は、組織変更ではなく、定款の変更による持分会社の種類の変更と位置付けられている（会社法2条26号、638条）。従って、本記述は正しい。

イ　正しい。　組織変更をする株式会社は、効力発生日の前日までに、組織変更計画について当該株式会社の総株主の同意を得なければならない（会社法776条1項）。従って、本記述は正しい。

ウ　誤り。　組織変更をする会社の債権者は、当該会社に対し、組織変更について異議を述べることができる（会社法779条1項、781条2項）。従って、本記述は誤っている。

エ　正しい。　組織変更の無効は、訴えをもってのみ主張することができる（会社法828条1項6号）。従って、本記述は正しい。なお、訴えを提起できるものは、株主、取締役、社員であった者などである。

問題60.　エ　　雑則

本問は、雑則に関する理解を問うものである。

- ア　正しい。　会社の設立が不法な目的に基づいてされたとき、裁判所は、公益を確保するため会社の存立を許すことができないと認めるときは、法務大臣又は株主、社員、債権者その他の利害関係人の申立てにより、会社の解散命令をすることができる（会社法824条1項）。従って、本記述は正しい。なお、裁判所の職権で会社の解散命令をすることはできない。

- イ　正しい。　裁判所は、会社財産に関し管理人による管理を命ずる処分（管理命令）をする場合、管理人を選任しなければならない（会社法825条2項）。従って、本記述は正しい。

- ウ　正しい。　株主が会社の解散命令の申立てをしたときは、裁判所は、会社の申立てにより、当該申立てをした株主に対し、相当の担保を立てるべきことを命ずることができる（会社法824条2項）。従って、本記述は正しい。

- エ　誤り。　裁判所は、会社の解散命令の申立てがあった場合、法務大臣又は株主、社員、債権者その他の利害関係人の申立てだけでなく職権でも、決定があるまでの間、必要な保全処分を命ずることができる（会社法825条1項）。従って、本記述は誤っている。

会社法務士認定試験　解答

1	2	3	4	5	6	7	8	9	10
イ	エ	エ	オ	オ	ア	ウ	ウ	ア	ア
11	12	13	14	15	16	17	18	19	20
ウ	イ	ア	ア	ウ	エ	ウ	イ	イ	ウ
21	22	23	24	25	26	27	28	29	30
エ	ア	イ	ウ	ア	オ	イ	エ	エ	イ
31	32	33	34	35	36	37	38	39	40
ア	イ	ア	エ	エ	イ	ウ	ア	エ	イ
41	42	43	44	45	46	47	48	49	50
イ	イ	イ	ウ	ア	ウ	ア	エ	ウ	ウ
51	52	53	54	55	56	57	58	59	60
エ	ア	ウ	ア	イ	ウ	エ	ウ	ウ	エ

会社法務士認定試験 解答用紙

会社法務士認定試験 実物形式問題集

2018年4月13日　初版第1刷発行

編　者　一般社団法人　全日本情報学習振興協会

発行者　牧野　常夫

発行所　一般社団法人　全日本情報学習振興協会
　　　　〒108-0061　東京都千代田区神田三崎町3-7-12
　　　　　　　　　　清話会ビル5F
　　　　　　　　　　TEL：03-5276-6665

発売所　株式会社　泰文堂
　　　　〒108-0075　東京都港区港南2-16-8
　　　　　　　　　　ストーリア品川
　　　　　　　　　　TEL：03-6712-0333

印刷　製本　日本ハイコム株式会社

※本書のコピー、スキャン、電子データ化の無断複製は、著作権法上での例外を除き、禁じられています。

※乱丁・落丁は、ご面倒ですが、一般社団法人 全日本情報学習振興協会までお送りください。弊社団にて送料を負担の上、お取り替えいたします。

※定価は、表紙に表示してあります。

ISBNコード　978-4-8030-1195-1　C2034

©2018　一般社団法人 全日本情報学習振興協会　Printed in Japan